Erhard von Mutius

Die Schlacht bei Longwy

Unter Benutzung amtlicher Quellen

Erhard von Mutius

Die Schlacht bei Longwy

Unter Benutzung amtlicher Quellen

ISBN/EAN: 9783955642020

Auflage: 1

Erscheinungsjahr: 2013

Erscheinungsort: Bremen, Deutschland

@ EHV-History in Access Verlag GmbH, Fahrenheitstr. 1, 28359 Bremen. Alle Rechte beim Verlag und bei den jeweiligen Lizenzgebern.

Die Schlacht bei Longwy.

Unter Benutzung amtlicher Quellen

bearbeitet von

Erhard v. Mutius,

Hauptmann im Grenadier-Regiment König Wilhelm I.
(2. Westpreußisches) Nr. 7.

Oldenburg i. Gr. 1919.

Verlag von Gerhard Stalling.
Verlag des Deutschen Offizierblattes.
Gründungsjahr der Firma 1789.

Druck und Verlag von Gerhard Stalling, Oldenburg i. Gr.
Übersetzung, sowie alle anderen Rechte vorbehalten.
Copyright 1919 by Gerhard Stalling, Oldenburg i. Gr.
(Amtlich vorgeschriebener Wortlaut für den Urheberschutz in den Vereinigten Staaten von Nordamerika.)
Das Papier lieferte die Patentpapierfabrik zu Penig i. Sa.

Gesamtumfang
81 Text- und 21 Kartenseiten.

Die Riesengröße des Weltkrieges spottet aller Maßstäbe, die den Kriegen der Vergangenheit entnommen sind. Kämpfe, die gestern den Erdball in Spannung hielten, sind heute schon fast vergessen. Wohl hat tagtäglich das deutsche Volk seit dem 4. August 1914 durch die Berichte der Obersten Heeresleitung erfahren, was draußen an allen Fronten vorgegangen ist. Bei dieser Art der Berichterstattung mußte jedoch der Allgemeinheit die Kenntnis der großen Zusammenhänge verschlossen bleiben. Darum hat der Generalstab des Feldheeres sich entschlossen, eine Reihe von Einzelschriften zur Veröffentlichung zuzulassen, in denen dem deutschen Volke von dem Verlaufe der wichtigsten Kampfhandlungen im jetzigen gewaltigen Völkerringen Kenntnis gegeben wird. Was diese Darstellungen bringen, ist noch nicht Kriegsgeschichte. Jahre, wenn nicht Jahrzehnte, werden vergehen, bis die inneren Zusammenhänge der Ereignisse völlig enthüllt sind. Dies wird erst der Fall sein, wenn außer den Archiven des deutschen und der verbündeten Generalstäbe auch die unserer Gegner sich geöffnet haben. Schon heute aber soll das deutsche Volk durch Darstellungen aus der Feder von Männern, die an den einzelnen Kämpfen teilgenommen haben und denen das amtliche Quellenmaterial zur Verfügung stand, von dem Verlaufe der wichtigsten Schlachten Kenntnis erhalten. Wohl ist es möglich, daß die spätere Forschung hier und dort das Bild ändern wird. Das ist aber kein Grund, für jetzt überhaupt auf eine Darstellung unter Benutzung amtlicher Quellen zu verzichten. Dies würde der Bildung von Gerüchten und Legenden Vorschub leisten, die sich in den Gemütern des Volkes leicht festsetzen, so daß es schwer, wenn nicht unmöglich ist, später Klarheit zu schaffen. Die Schriftenfolge ist nicht für die Kriegswissenschaft bestimmt, sondern für das deutsche Volk in seiner ganzen Breite als den Träger des Krieges, vor allem für die Mitkämpfer selbst, um ihr Verständnis zu fördern für die gewaltigen Geschehnisse, zu deren Gelingen sie selbst Blut und Leben freudig eingesetzt haben.

Großes Hauptquartier, im Herbst 1917.

Der Generalstab des Feldheeres.

Inhaltsverzeichnis.

                                                    Seite

Kartenverzeichnis und Kriegsgliederungsnachweis 9

Der Aufmarsch im Westen und die Vorgänge bis zum 21. August . . . . 11—16

    Aufmarsch der Armeen. Aufgabe der 5. Armee. Tätigkeit der Heereskavallerie vor der Front der 5. Armee. Nachrichten über den Feind bis zum 21. August. Lage bei 5. Armee am 20. August. Beginn des Angriffs auf die Festung Longwy am 21. August. Befehl zum Angriff für die 5. Armee

Das Gelände der Schlacht bei Longwy . . . . 17—18

Der 22. August . . . . 19—38

    Lage beim Feinde am Morgen des 22. August und Entschluß des Oberkommandos

    Auf dem Nordflügel 21
        Kämpfe bei Rossignol und Tintigny (VI. Armeekorps) . . 21
        Kämpfe bei Virton und Ethe (V. Armeekorps) 24
    Im Zentrum 28
        Kämpfe bei Bleid, Baranzy und Romain (XIII. Armeekorps) 28
        Kämpfe des VI. Reservekorps 31
    Auf dem Südflügel 34
        Kämpfe bei Ville-au-Montois (V. Reservekorps) 34
        Kämpfe bei Audun-le-Roman (XVI. Armeekorps) 36

Der 23. August . . . . 39—46

    Lage am 23. August früh. Kämpfe des VI. Armeekorps. Verfolgung durch V. Armeekorps. Verfolgungskämpfe des XIII. Armeekorps bis an die Chiers und Verfolgungskämpfe des VI. Reservekorps bis an den Crusnes-Abschnitt. Vormarsch des XVI. Armeekorps. Heranziehen der 43., 45., 13., 53. und 9. Landwehrbrigade und der 33. Reservedivision an den linken Flügel der Armee

	Seite
Der 24. August	47—57

Ereignisse beim VI. Armeekorps. Aufgaben der Korps der 5. Armee. Bildung des Korps Oven auf dem linken Armeeflügel

Die Kämpfe auf dem Nordflügel (V. Armeekorps) . 47

Die Kämpfe im Zentrum 48
  Kämpfe bei Longuyon (XIII. Armeekorps und VI. Reservekorps) . . 48

Die Kämpfe auf dem Südflügel 51
  V. Reservekorps, XVI. Armeekorps, Korps Oven. Lage am 24. abends und Armeebefehl für den 25. August . . . 51

Der 25. August . . . . 58—68

Fortsetzung der Kämpfe auf dem Südflügel . . 58
  Lage auf dem Südflügel. Kämpfe des Korps Oven bei Etain. Französischer Angriff gegen die Flanke des Korps Oven. Rücknahme des Korps Oven und des XVI. Armeekorps. Vorstoß der Festungsbesatzung von Metz in Richtung Conflans. Kämpfe des V. Reservekorps

Die Kämpfe im Zentrum 65
  Beim VI. Reservekorps
  XIII. Armeekorps

Der nördliche Flügel 67
  Kämpfe des V. Armeekorps bei Marville. Verfolgung durch VI. Armeekorps

Ausgang . . . . 69—72
  Lage am 26. August. Herausziehen des V. Armeekorps. Eroberung der Festung Longwy. Vernichtung der Festungsbesatzung von Montmédy

Der Aufmarsch im Westen und die Vorgänge bis zum 21. August.

Wie aus unübersehbarer Meeresfläche die Wogen der Dünung zum Strande rollen, unbeirrbar, unablenkbar, bis daß sie im Sturm zu gewaltiger Brandung emporrauschen, so folgten einander die vielachsigen Züge, die Deutschlands Wehrmacht gen Westen trugen. Entsandt und immer wieder aufs neue entsandt aus der Fülle der Kraft deutscher Lande und Völker, vollendeten sie das Ungeheure der deutschen Mobilmachung „planmäßig". Das schuf im Herzen des einzelnen neben der Begeisterung das Vertrauen, gesellte zum lodernden Zorn die ruhige Zuversicht.

Und noch etwas anderes entstand in jenen Tagen in uns und breitete sich aus, das Herz ganz erfüllend: die Liebe zu Heimat und Volk. Stunde um Stunde sahen wir auf langer Fahrt, dem gleichtönigen Stoß der Räder lauschend, die herrlichen, erntegesegneten, deutschen Fluren sich breiten. Wir hörten den stolzen Gruß der Alten und jubelnden Kindergesang, hier Sensenschlag, dort dröhnende Maschinen, sahen flutende Ströme, wogende Felder und stillen Wald, alles unendlich groß und unendlich schön.

Das Vertrauen im Sinn, das Bild im Herzen, wo sollte da Raum für Furcht und Zweifel sein.

Bald stand der deutsche Riese kampfbereit im Westen da: im Norden waren die Armeen der Generalobersten von Kluck (1.) und von Bülow (2.), des Generals der Infanterie von Hausen

(3.) und des Generaloberſten Herzog Albrecht von Württemberg (4.) ſeine Waffen zum Angriff in der breiten Front von den Ardennen bis zum Meere, in der Mitte verhaltend ſtand die Armee des deutſchen Kronprinzen (5.) mit den Söhnen der fernen Oſtmarken, mit Württembergs Scharen und denen aus Lothringen und dem Elſaß, im Süden bildeten die Armeen des Kronprinzen Rupprecht von Bayern (6.) und des Generaloberſten von Heeringen (7.) den mächtigen Schild, der, bewehrt mit den ſtarken Buckeln Metz und Straßburg, geſtützt auf den Felſenboden der Schweizer Neutralität, den feindlichen Stoß der Generale Dubail und Caſtelnau elaſtiſch aufzufangen und zurückzuwerfen hatte.

Der Vormarſch der deutſchen Hauptkräfte durch Luxemburg und Belgien nach Frankreich ſtellte eine große Schwenkung dar. Der Auftrag der 5. Armee war, bei dieſer Schwenkung den Drehpunkt Metz-Diedenhofen im Anſchluß an die 4. Armee feſtzuhalten. Dazu hatte ſich die 5. Armee zunächſt tiefgeſtaffelt mit den Anfängen etwa in Linie Bettemburg—Diedenhofen bereitzuſtellen. Im weiteren Verlauf der Operationen ſollte die Armee dann ſtark links geſtaffelt, mit dem rechten Flügel von Bettemburg über Mamer-Arlon auf Florenville ſüdlich Chiny vorgehen, während der linke Flügel Anſchluß an Diedenhofen halten ſollte. Die Bewegungen der Armee hatten ſich nach dem Fortſchreiten der Schwenkung des rechten Heeresflügels zu richten, bis deſſen Vordringen den eigenen Angriff geſtattete. Daneben ſollte die Wegnahme der Feſten Longwy und Montmédy möglichſt ſchnell eingeleitet und durchgeführt werden.

Den Anweiſungen entſprechend vollzog ſich der Aufmarſch der 5. Armee im Raume Ottweiler—Saarbrücken—Metz—Diedenhofen—Merzig (ſ. Skizze 1). Das Armeeoberkommando befand ſich zunächſt in Saarbrücken. Nach dem Eintreffen ſämtlicher Verbände ſchloß die Armee auf Befehl der Oberſten Heeresleitung am 15. und 16. Auguſt nordweſtlich der Nied auf, ohne die Linie Bettemburg—Diedenhofen—Metz nach Weſten jedoch zu überſchreiten. Als am 17. Auguſt der Befehl der

Obersten Heeresleitung zum Vormarsch in nordwestlicher Richtung im Anschluß an die 4. Armee eintraf, standen die Korps versammelt bereit: Das V. Armeekorps um Königsmachern, das XIII. (Kgl. Württ.) Armeekorps um Diedenhofen, das XVI. Armeekorps um Metz, in zweiter Linie dahinter des V. Reservekorps um Niedaltdorf, das VI. Reservekorps um Bettingen. Aus diesen Räumen wurde am 18. August früh angetreten. Das Armee-Haupt-Quartier war am 16. August nach Diedenhofen verlegt worden.

Während die 4. Armee mit dem linken Flügel (VI. Armeekorps) über Attert (nördlich Arlon)—Léglise auf Neufchâteau vorging, marschierte das V. Armeekorps auf dem rechten Flügel der 5. Armee über Mamer-Arlon auf Etalle. Daneben marschierte das XIII. Armeekorps über Bergem—Künzich auf Châtillon, das XVI. Armeekorps über Gr. Hettingen auf Oettingen und Arsweiler, das V. Reservekorps über Kirchnaumen—Bettemburg auf Kapellen, das VI. Reservekorps über Niederham—Kail auf Redingen und Deutschoth.

Inzwischen waren die 3. Kavallerie-Division unter Generalmajor v. Unger und die 6. Kavallerie-Division unter Generalleutnant Graf Schmettow, dem Befehl des Höheren Kavallerie-Kommandeurs 4, Generalleutnants Frhr. von Hollen, unterstellt und nach Anweisungen der Obersten Heeresleitung südlich Longwy gegen die Linie Longuyon—Conflans angesetzt worden. Schon am 4. August hatten Schmettows Reiterbrigaden, am 7. die des Generals von Unger mit Hurra die Grenze bei Fillières und Beuvillers überschritten. Die große Frage nach dem Feind, seinem Verbleib und seiner Stärke gab das Stichwort für ihre Handlungen. Vielfach verschlungene Bewegungen, schneidige Reiterstückchen der Patrouillen, Gefechte mit schwachem und harter Kampf mit starkem Feind, so besonders der forsche Vorstoß der 6. Kavallerie-Division über den Othain bei Pillon am 10. August, ergaben zunächst folgendes Bild vom Feinde: Er hielt Longwy besetzt und hatte von dort Vortruppen nach Süden geschoben, Longuyon war frei, Montmédy dagegen besetzt. Ferner stand der Gegner in einer befestigten Stellung am Othain-Abschnitt von Marville über St. Laurent und Spincourt bis in die Gegend von Gouraincourt.

Neben den ersten erfolgreichen Kämpfen hatten diese Tage der Kavallerie aber auch manch bittere und doch lehrreiche Erfahrung gebracht. Man hatte erfahren, was Straßenverstopfungen, was Marschkreuzungen bedeuten konnten. Man kannte die Empfindungen, die falscher Alarm bei müder Truppe auslöste. Nach der schweren Verwundung des Generalstabsoffiziers der 6. Kavallerie-Division, Hauptmann von Werner, im Gefecht bei Pillon, erkannte auch der letzte Mann, welche Nachteile das Fehlen jener stillen Kopfarbeiter für die Truppe haben konnte.

Nach dem Gefecht von Pillon blieb nur die 6. Kavallerie-Division im Gelände südlich Longwy zu weiterer Beobachtung. Die 3. Kavallerie-Division wurde, Longwy östlich umreitend, nach Norden geführt. Dort hatte sie aufzuklären, den Schutz der rechten Armeeflanke zu übernehmen, deren Bewegungen zu verschleiern und die Verbindung zur 4. Armee herzustellen.

Noch verging die volle Woche vom 15.—21. August, ohne daß es der Kavallerie gelingen wollte, die Absichten des erfolgreich seine Bewegungen verschleiernden Feindes zu erkennen. Der höhere Kavallerie-Kommandeur 4, der bisher unmittelbar der Obersten Heeresleitung unterstanden hatte, war inzwischen am 18. August der 5. Armee unterstellt worden.

Auch die Fliegererkundung, die anfangs über die feindliche Stellung am Othain, namentlich am 14. August durch einen gelungenen Flug der Leutnants Schillings und Bernard, einige Ergebnisse erzielt hatte, versagte später infolge des unsichtigen Wetters.

Da endlich brachte der 21. August Licht in das Dunkel der Vorgänge beim Feinde. Die durch Draht und mit Kraftwagen übermittelten Meldungen und Berichte wurden im Armee-Hauptquartier Diedenhofen zu einem Mosaikbild zusammengesetzt, das den allgemeinen Vormarsch des Feindes erkennen ließ: aus Montmédy bewegte sich's nach Norden und nach Osten, aus dem breiten Tal der Maas von Stenay und Dun her stieg es auf, dem Bergland nördlich von Verdun entwanden sich die feindlichen Kolonnen, lebendig war es am Othain von Nouillon-Pont bis Gondrecourt. Französische Reiterdivisionen, die durch die alten Ardennen von Lacuisine auf Neufchâteau nordwärts ritten, waren von den Anfängen des XVIII. Reservekorps zurückgeschlagen worden. Der ungeheure Wald hatte den geworfenen Feind schützend aufgenommen. Unklar blieb, was in und um Florenville vorging. An diesem Bilde änderte erneutes Vorgehen der 3. Kavallerie-Division auf Jamoigne und Izel wenig. Selbst nach hartem Gefecht des Oelser Jäger-Bataillons Nr. 6 zwischen diesen beiden Dörfern, blieb der Raum von Florenville in drohendes Dunkel gehüllt. Die dort versammelten feindlichen Kräfte gefährdeten die rechte Flanke der 5. Armee, sofern diese nach Südwesten vorstoßen sollte.

Am 20. August standen das V. Armeekorps in Gegend Etalle—Chantemelle—Arlon, das XIII. bei Châtillon, Rochecourt und Udange, das VI. Reservekorps hatte sich über die französische Grenze bis Thil und Cantebonne geschoben, das V. Reservekorps stand noch rückwärts von Körich bis Bettemburg, das XVI. um Oettingen, Arsweiler und Bettingen.

Am folgenden Tage wurde der Vormarsch nicht fortgesetzt, vielmehr befahl das Armeeoberkommando, die Armee solle sich mit den fechtenden Truppen derart bereithalten, daß, wenn erforderlich, das V. und XIII. Armeekorps nördlich an Longwy vorbei, das VI. Reservekorps südlich Longwy zum Angriff vorgehen könnten. Das XVI. Armeekorps würde wahrscheinlich zu gleichem Zweck flankierend mitzuwirken haben. Das V. Reservekorps sollte hinter der Mitte der Armee zur Verfügung bleiben, um nach Bedarf verwendet zu werden.

Zur Wegnahme von Longwy hatte man unter dem General der Pioniere beim Armeeoberkommando 5, Generalleutnant Kaempffer, ein Detachement aller Waffen gebildet, das aus Truppen des VI. Reservekorps, des XIII. Armeekorps, sowie aus den der Armee unmittelbar unterstehenden Pionier- und Fußartillerie-Formationen bestand. Von der Infanterie dieses Detachements, der württembergischen 52. Infanterie-Brigade (Generalmajor von Teichmann), hatte ein Bataillon des Füsilier-

Regiments Kaiser-Franz-Joseph (württemb.) Nr. 122 unter Major Sauter nach schwierigem Marsche, der in tiefschwarzer Nacht durch unbekanntes Gelände bis auf 400 Meter an die Wälle der armierten Festung führte, diese zunächst nach Norden abgeschlossen. Dahinter rückten schwere Feldhaubitzen und Mörser in Stellungen bei Hallanzy. Skizze 9. Der erste Tagesblick des 21. August sah den Sturm des Infanterie-Regiments Nr. 121, Alt-Württemberg, auf Mont St. Martin; der Gefechtslärm, vermischt mit den schmetternden Klängen der Regimentsmusik, klang zu Freund und Feind herüber. In weitgestreckter, dünner Linie hielten nun die Württemberger den Südsaum der Wälder hart nördlich Longwy besetzt und verharrten in stark gefährdeter Lage, dem Artilleriefeuer aus der Festung sowie jeder Möglichkeit starker Angriffe ausgesetzt, bis endlich gegen 4 Uhr nachmittags das Feuer der schweren Belagerungsartillerie zu gewaltiger Ouverture einsetzte. Da verstummte der Feind.

Inzwischen hatte die 4. Armee mit VI. Armeekorps Neufchâteau, Léglise und Thibésart erreicht. Die 6. Armee stand nach gewonnener Schlacht vor neuen Kämpfen in Lothringen, desgleichen die 7. im Elsaß. Weitreichende Entscheidungen waren in Belgien gefallen. Vor der eigenen Front marschierte der Feind heran. Da konnte es auch für die 5. Armee kein Zaudern mehr geben. Am 21. August um 6 Uhr abends wurde im Auftrage des Kronprinzen vom Chef des Generalstabes, Exzellenz Schmidt von Knobelsdorf, für den 22. August der Befehl zum Angriff nach Südwesten gegeben.

Das Gelände der Schlacht bei Longwy.
(Reliefkarte und Skizze 2.)

Die den friedlichen Wanderer freundlich anmutende Landschaft, in der die Gefechtsfelder von Longwy liegen, erhält für die fechtende Truppe ein ganz anderes Gepräge. Tief eingeschnitten in das verdächtige Dunkel dicht wuchernder Gehölze fließen der Ton und die Basse-Vire von Norden zur Chiers. Der Lauf dieses Flusses, im engen und bedeckten Tal kaum jemals sichtbar, trennt scharf das Angriffsfeld von Longwy bis nach Longuyon und bildet dann, von dort nach Nordwesten auf Montmédy abbiegend, eine starke Schranke. Sie setzt sich nach Südosten im gleichartigen Crusnes-Bach-Abschnitt bis Fillières fort. Diese Barriere verdoppelt der Othain, der weiter südlich, ihr fast parallel fließend, teils sumpfiges Wiesenland, teils steile Schluchten bildet, bis er bei Montmédy die Chiers erreicht. Die Loison, nochmals 6 Kilometer südlich, gleicht dem Othain nach Richtung und Verlauf.

Die deutschen Reiter und Jäger kannten dies Land nunmehr. Sie wußten schon ein Lied zu singen vom Walde der Ardennen, der dicht und unergründet im Norden das Land bis zum Ton bedeckt. Sie kannten das Gefühl, wenn die Truppe auf breiter Lichtung, wie der am vielgewundenen Semois, sei's bei Etalle, bei Rulles, bei Jamoigne, sich immer wieder von rätselbergenden Waldrändern begleitet sieht. Sie hatten schon Erfahrungen gesammelt an den Überraschungen dieses jäh in seinen Formen wechselnden Geländes, wußten schon jetzt, daß, wenn's dort hart auf hart kam, nur aufopfernder Gehorsam, fest bindende Kameradschaft, Zähigkeit und sauberes Schießen halfen. Das aber waren just die Eigenschaften, die wir hatten.

Wer Deutschland liebt, sehe zu, daß wir sie nie verlieren!

Südlich des Chiers-Crusnes-Abschnittes ist das Bild ein anderes. Die Höhenlinien sind flacher und weiter geschwungen, die Waldstücke, wenn auch kaum gangbar, werden kleiner, die Schluchten sind verschwunden. Somit müssen hier auch die Kämpfe ein anderes Gepräge zeigen. Kam nördlich manchmal stundenlang nicht ein Geschütz in Feuerstellung, hier leitete die Artillerie längst vor dem ersten Infanterieschuß die Gefechte ein. Weiter nimmt das Land allgemach das Aussehen der nach Süden anschließenden Woëvre-Ebene an und geht westlich, jenseits der Loison, in das Gebirge des Lothringer Randes über.

Der 22. August.

Alarm! Ein fremdes Wort und doch in seiner oft schicksalsschweren Bedeutung dem deutschen Soldaten wohlvertraut. Es ist ein anderes, ob in friedlicher Garnison das Regiment, ob in naßkalter Manövernacht die Brigade, die Division alarmiert wird, oder ob der alte Ruf zu den Waffen die Biwaks und Quartiere einer nach Hunderttausenden zählenden Armee aufreißt und durcheinander schüttelt bis zum letzten Mann. So war es hier bei der Armee des Kronprinzen in der Nacht vom 21. zum 22. August.

Alarm! So klang es in den Fernsprechern des V. Armeekorps von Arlon bis Etalle. Alarm! So rief es die Württemberger angriffsbereit vor in die Linie St. Léger bis Gennevaur, die Schlesier des Korps von Goßler auf die Höhen östlich Villers-la-Montagne, gestaffelt bis nach Hussigny. Der gleiche Ruf weckte um Mitternacht die Schläfer beim rückwärtigen V. Reservekorps, das in die Lücke zwischen dem VI. Reservekorps und dem XVI. Armeekorps rücken sollte und in zwei Kolonnen über Dippach—Deutschoth auf Crusnes und über Leudelingen—Rümelingen auf Aumetz in Marsch gesetzt wurde. Das XVI. Armeekorps, das schon nachmittags, als die 6. Kavallerie-Division bei Murville ins Gefecht trat, kaum zu halten gewesen war, begrüßte den erlösenden Befehl zum Angriff aufatmend mit dem Worte: „Endlich".

Beim Oberkommando hatte man auf Grund des Bildes, das aus den Meldungen über den feindlichen Vormarsch sich ergab, etwa folgende Erwägungen angestellt: Der Feind sah die Belagerung Longwy's beginnen und Montmédy bedroht. Beabsichtigte er, wie die nordöstliche Richtung seines Vormarsches schließen ließ, Longwy zu entsetzen, so konnte er hoffen, demnächst von Carignan-Montmédy her einen Keil zwischen die 4. und 5. Armee zu treiben, erstere in ihrer Südflanke beim Vormarsch auf Sedan zu packen und so mit der Armee de Langle (vor der deutschen 4.) zusammenzuwirken. Gleichzeitig aber drohte er, die 5. Armee selbst in zwei Teile zu zerreißen, indem er, gestützt auf Longwy und den Chiers-Abschnitt, das XIII. Armeekorps, sodann das V. von Süden her aufrollte. Den Schutz seiner rechten Flanke mochte er hierbei den Truppen zuweisen, die soeben vom Othain auf Mercy-le Bas und Landres gingen.

Den gedachten feindlichen Absichten war am besten durch Angriff mit der ganzen Armee beiderseits an Longwy vorbei entgegenzutreten. Demgemäß wurde der Befehl zum Antreten gegeben.

Da das V. Armeekorps nach Südwesten auf Virton und Ethe abzubiegen hatte und sich in seiner rechten Flanke durch die bei Florenville und Izel festgestellten, in Stärke und Absicht aber unerkannt gebliebenen feindlichen Truppenansammlungen bedroht sah, so wurde noch am späten Abend Hauptmann Wachenfeld vom Generalstab des V. Armeekorps zum VI. Armeekorps entsandt, um die Unterstützung der 5. durch Teile der 4. Armee zu sichern. Es wurde eine Fahrt mit zahllosen Hindernissen. Der Wagenführer verirrte sich im dicken Nebel, das Begleitauto kam abhanden. Die zuerst angetroffene 25. Reserve-Division mußte höherer Befehle wegen die Unterstützung ablehnen. Schon graute der Morgen des neuen Tages, es war 4 Uhr vorbei, als endlich der Unermüdliche durch General von Pritzelwitz die Unterstützung des gesamten VI. Armeekorps zugesichert erhielt. Es sollten aufbrechen: die 12. Infanterie-Division um 6 Uhr vormittags von Léglise auf Rossignol, die 11. Infanterie-Division zur selben Zeit von Thibésart auf Tintigny. Die 3. Kavallerie-Division sollte bis zum Zusammenschluß des V. und VI. Armeekorps die Lücke zwischen ihnen sperren und die rechte Flanke des V. Armeekorps decken.

Den sich sammelnden Truppen der 5. Armee wurde allenthalben der nachstehende Befehl des Oberkommandierenden bekanntgegeben:

„Ich führe morgen die Armee zum ersten Male gegen den Feind. An anderen Stellen sind bereits Wunder der Tapferkeit und todesmutigen Hingabe seitens der deutschen Truppen geschehen. Ich hege die Zuversicht, daß wir es unseren Brüdern nachtun werden." gez. Wilhelm.

Auf dem Nordflügel.

Kämpfe bei Rossignol und Tintigny.

Seiner Zusage entsprechend trat das VI. Armeekorps mit 12. Infanterie-Division auf der Straße von Léglise nach Rossignol, mit 11. Infanterie-Division von Thibésart auf Tintigny den Vormarsch an. Angriff war der leitende Gedanke. Zunächst war nichts vom Feinde bekannt, als daß er mit starken Kräften aus der Linie Montmédy—Longuyon—Landres gegen die 5. Armee vorgehe. Fast fürchtete man, der Abmarsch des Armeekorps nach Süden werde zu einem Luftstoß führen. Die Zweifler wurden bald belehrt.

Um 8.40 vorm. schallten Gewehrschüsse bei der Vorhut der 12. Infanterie-Division durch den dichten Wald. Im gleichen Augenblick war heftiger Kampf im Gange. Und bald erfuhr man, daß auch das XVIII. Reservekorps, das an den Platz des VI. Armeekorps gerückt war, bei Suxy auf den Feind gestoßen sei.

Vor der 12. Infanterie-Division saß der Gegner, bestehend aus farbigen Franzosen, hartnäckig verbissen im Gestrüpp und sperrte, im eigenen Vormarsch aufgehalten, den Austritt aus dem Wald. Bald war das Vorhutregiment, Infanterie-Regiment 157, und die im Vortrupp marschierende 2. Kompagnie Pionier-Bataillons 6 fast restlos eingesetzt. Als einer der ersten fiel der Vortruppführer, Major Jahn, mit ihm

Hauptmann Pohlenz. Auch Hauptmann Heskamp, der Führer der Pionierkompagnie, der das Kommando für den gefallenen Bataillonskommandeur der Infanterie übernommen hatte, fiel kurz vor dem Erreichen des Waldrandes. Die Offiziere überall voran, aus Baum und Busch aufs Korn genommen, erlitten weitere bittere Verluste. Die Artillerie im dichten Waldgelände ohnmächtig aufzufahren, hielt zähneknirschend auf der Straße. Um 9.30 vorm. gingen, nach Westen ausholend, die 63er auf Termes, gefolgt von drei Batterien Feldartillerie-Regiments 57.

In stundenlangem Kampf verschluckte der Wald die Kompagnien. Um 1.10 nachmittags wurde Infanterie-Regiment 62 und etwas später Infanterie-Regiment 23 eingesetzt. Bei schwieriger Entfaltung und Entwickelung beiderseits der Straße mischten sich die Verbände. Der einzelne zwängte, schlug und würgte sich durch das Holz, geleitet vom zwingenden Gefühl der Pflicht, bewährt durch das, was er gelernt in langem Frieden, stark im Vertrauen auf sich und auf die Führer. Sicher ging es vorwärts, aber äußerst langsam und verlustreich.

Inzwischen hatte das Infanterie-Regiment 63 den Waldrand nördlich Termes erreicht, und die nächste Höhe, Punkt 363, dem Feinde entrissen. Dort waren die deutschen Batterien aufgefahren. Mit vereinten Kräften schlug hier Infanterie und Artillerie in vielstündigem Kampfe trotz großer Verluste, die namentlich die 6. Batterie betrafen, starke feindliche Angriffe zurück.

Hierdurch entlastet, erreichten Schützen der drei anderen Regimenter den Waldrand, stürmten von dort die Höhen nördlich Rossignol und warfen den Gegner in das Dorf. Nunmehr konnte auch hier endlich eigene Artillerie auffahren und feindliche Kanonen südlich Rossignol zum Schweigen bringen. Um 5 Uhr nachmittags wurde das Dorf selbst von Osten und Westen her gestürmt. Bei sinkender Sonne war es endgültig im Besitz der Division. 2600 Mann, dabei 2 Generale waren gefangen, 39 Geschütze, 200 Munitionswagen erbeutet. Den 23ern, unter Hauptmann Eichholz, fiel ein Generalstabsoffizier mit wichtigen Akten in die Hände.

Man biwakierte. Man sicherte sich durch Posten. Man sah, wer fehlte. Mit 330 Toten ruhten 35 gefallene Offiziere und 39 waren verwundet.

Die 11. Infanterie-Division hatte den Wald ungehindert durchschritten. Ihre Vorhut fand Harinsart und Tintigny vom Feinde frei. Dagegen waren Frenois, St. Vincent, Bellefontaine besetzt gemeldet. Der Gefechtslärm von Rossignol klang laut herüber. Aus Tintigny heraus entwickelte sich die Vorhut, Grenadier-Regiment 10, östlich der Straße zum Angriff gegen Bellefontaine. Vom Gros, das plötzlich im Dorf durch organisierten Feuerüberfall erheblich aufgehalten wurde, folgte das Füsilier-Regiment 38 westlich der Straße. Die Breslauer Regimenter dagegen drehten nach Westen ein und griffen, Infanterie-Regiment 51 Ferme du Chenois, das Grenadier-Regiment 11 St. Vincent an. Der Kampf wurde allenthalben schwer. Vom Marsch ermüdet, vielfach gequält durch neues Schuh- und Lederzeug, des bergigen Geländes ungewohnt, teils naß bis auf die Haut, weil sie den Semois durchwaten mußten, so gingen hier die Schlesier an den Feind. Dieser war an Zahl bedeutend überlegen und verlängerte bei Bellefontaine seine Linien dauernd ostwärts. Zwar konnte Major von Mellenthin mit der I. Abteilung Feldartillerie-Regiments 6 deren 2. Batterie unter Oberleutnant Hiltrop sich hierbei besonders auszeichnete, aus einer Stellung bei Ansart die feindlichen Batterien bei Mesnil so zudecken, daß 36 Geschütze liegen blieben, und dadurch auch der 12. Infanterie-Division erhebliche Entlastung schaffen, jedoch der eigene Angriff schritt nur langsam vor. Kanonen der Batterie Schönfelder des Feldartillerie-Regiments 42 wurden bis in die Schützenlinien vorgezogen.

Um 3 Uhr nachmittags bedrohte von Norden her den Givanne-Bach bei Mesnil überschreitende Infanterie den rechten Flügel mit Umfassung. Der feindliche Versuch wurde vornehmlich durch die im Feuer drehende Batterie Materne vom Feldartillerie-Regiment 42 vereitelt. In Unordnung geraten, drückte sich der Angreifer verwirrt nach Osten durch. Er traf bei Orsainfaing auf das Generalkommando und dessen Schutz, die

Kompagnie v. Bülow, die 11. Grenadier-Regiments 10. An Zahl überlegen vermochte er dennoch nichts auszurichten, erlitt blutige Verluste, warf sich nach Harinsart hinein, um sich dort, 195 Mann stark, der heranstürmenden Kompagnie von Bülow zu ergeben. Der letzte Rest gelangte bis Etalle und überfiel gegen 6 Uhr nachmittags diesen Ort, das Hauptquartier des V. Korps. Nach kurzem Gefecht wurde er von dem, was von uns dort war, Stallwachen, Fliegern und Offizieren des Stabes, noch über 150 Mann stark, gefangen genommen.

Um 5 Uhr nachmittags schien der Gegner endlich zu erlahmen. Seiner Hauptstützpunkte Fe. du Chenois und St. Vincent beraubt, vertrieben aus Mesnil, heruntergeworfen von den Höhen bei diesem Orte und bei Bellefontaine, das von Kompagnien des Grenadier-Regiments 10 und Füsilier-Regiments 38 erreicht war, ging er zurück. Doch tapfer war er gewesen. Verheerend hatte seine Artillerie gewirkt. Noch schwerer als bei Rossignol waren hier die deutschen Verluste. Nicht weniger als 110 Offiziere und fast 3000 Mann waren tot oder verwundet.

Die Truppe biwakierte gefechtsbereit. Die Verbände wurden geordnet. Die wackeren 6. Jäger, die aus eigenem Antrieb von St. Marie her die 10er im Wald von Bellefontaine unterstützt hatten, kehrten zu ihrem Verband, der 3. Kavallerie-Division zurück. Die Lage blieb nachts über ungeklärt. Man wußte nur, daß man den Feind geschlagen hatte.

Kämpfe bei Virton und Ethe.

Der Befehl des V. Armeekorps für den 22. lautete dahin, daß das Korps in 2 Kolonnen, die 9. Infanterie-Division auf Straße Etalle—Huombois—Virton, die 10. Infanterie-Division auf Straße Etalle—Buzenol—Ethe die Bahn Rulles—Virton um 4,30 vormittags mit den Anfängen überschreiten, die Höhen zwischen Robelmont und Virton und weiter bis zu den Steinbrüchen nördlich von Latour besetzen und in der zu befestigenden Stellung den Angriff des XIII. Armeekorps, der weiter südlich in Richtung auf Montmédy vorgetragen wurde, decken sollte. Der einfache Befehl, der erst spät die Truppen erreichte, erwies sich als schwer auszuführen. In der Dunkelheit mußte alarmiert werden. Die 9. Infanterie-Division hatte am vorhergehenden Nachmittag in weitgespannter Bereitstellung der jenseits Jamoigne (s. Seite 14) fechtenden 3. Kavallerie-Division v. Unger erbetenen Rückhalt gewähren müssen. Von schon befohlener, direkter Unterstützung hatte ihr Kommandeur, General von Below, der selbst bis fast Jamoigne vorgefahren war, auf Grund des eigenen Einblicks in die Lage Abstand genommen. Jetzt bereitete das Einfädeln in die Marschkolonne Schwierigkeiten; Stockungen waren nicht zu vermeiden. Die 10. Infanterie-Division erlitt in der Enge des Versammlungsraumes bei Vance erhebliche Verzögerung.

Endlich nahm Waldesnacht die schweigenden Kolonnen auf. Nicht Laut noch Licht sollte hier bemerkbar werden. Zur Dämmerungsstunde wurde erkennbar, daß man in einem Meer von Nebel ging. Ob Berg, ob Mensch, die grauen, nassen Schwaden schluckten hinweg, was sich weiter als höchstens 50 Schritte vom Auge entfernte.

Frühzeitig löste die 9. Infanterie-Division das Infanterie-Regiment 58 mit einer Batterie Feldartillerie-Regiments 41 nach rechts heraus. Sie sollten die Höhen östlich Robelmont gewinnen und von dort der Division den Austritt aus dem Walde erleichtern.

Um 6 Uhr vorm. begannen Königsgrenadiere als Vorhut den Wald nach Süden zu verlassen. Patrouillen vom Militscher Ulanen-Regiment Nr. 1 ritten auf Bellevue. Sie meldeten, daß das Gelände von Robelmont bis Virton vom Feinde besetzt sei. Die Vorhut erhielt Befehl, den Gegner zurückzuwerfen. Teils an der Straße nach Bellevue, teils an dem Waldrand östlich dieses Hofes, Front nach Südwesten entwickelt gingen die Schützen vor und entschwanden schnell den Augen der rückwärts Haltenden. Noch war kaum ein Schuß gefallen, als ein jäher Schlag, ein Aufrauschen aus Hunderten von Gewehren die lastende Stille beendete. Auf nahe Entfernung den Angriff erst erkennend, hatte der Gegner ein rasendes Feuer eröffnet.

Das nächste Regiment, 154, wurde links der Grenadiere eingesetzt. Als untrügliches Erkennungszeichen der eintreffenden Verstärkung klang durch die Nebelwand das Lied: „Deutschland, Deutschland über alles" zu den Grenadieren. Mit beginnender Sicht wurde die Artillerie in Stellung gebracht. Gegen 10 Uhr vormittags eröffnete sie das Feuer. Die feindlichen Batterien, die, wie es sich jetzt zeigte, in weitem Bogen hinter den Höhen von Meix-devant Virton bis nördlich von Latour standen, eröffneten zur gleichen Zeit konzentrisch ihr Feuer auf den Angreifer.

Bei spärlichen Nachrichten vom Feinde wuchs die Besorgnis um die rechte Flanke, trennten doch nicht weniger als 10 Kilometer unübersichtlichen Geländes die Division von dem bei Bellefontaine fechtenden Nachbarn. Die 58er, seit 9.30 vorm. auf der Höhe östlich Robelmont, erhielten deshalb den Befehl, auch die Höhen östlich Meix-devant Virton in Besitz zu nehmen. Inzwischen hatte die 18. Brigade, deren Regiment 154 durch das II. Bataillon Infanterie-Regiments 19 unterstützt war, im blutigen Kampf die Straße Virton—Robelmont erstritten. Das brennende Bellevue war von den Grenadieren erstürmt. Mehr als 100 tote Franzosen füllten den Straßengraben südlich des Gehöftes. Ein Angriff gegen die Eroberer, vom Nachbarn links wirksam flankiert, brach um die Mittagszeit zusammen. Die Höhen westlich von Bellevue waren bald darauf erreicht.

Besorgt sahen vorn die Schützen, wie ihr Kommandeur, Prinz Oskar von Preußen, aufrecht und unbekümmert das Schlachtfeld querte. Nun kam er persönlich nach vorn, um das zu rasche Vorgehen seiner Grenadiere aufzuhalten. Dort hat er dann lange, lange Zeit gelegen. Kein Franzmann konnte jemals hoffen, dort durchzukommen.

Den ganzen Nachmittag währte heftiges Artilleriefeuer fort. Schwere Stunden hatten die deutschen Batterien. Ihre Gespanne konnten die Munition nicht bis zu den Geschützen bringen. Da trugen die Kanoniere einzeln Schuß um Schuß heran. Das feindliche Feuer, der Mangel jeder Deckung hinderte sie nicht. Ein zweiter französischer Angriff, der bei schwindendem Licht nahe an die eigenen Linien herankam, brach vor der Brigade noch kurz vor Nacht, ein dritter in den ersten Morgenstunden vor Hauptmann von Rotbergs Kompagnie zusammen. Im übrigen war es still geworden. In den Stellungen wurde geschanzt und, wo es ging, geruht. Die 18. Brigade verlor 40 Offiziere und 700 Mann. An Toten und Gefangenen wurden die Nummern von neun verschiedenen Regimentern festgestellt, die der Division gegenübergestanden hatten.

Die 10. Infanterie-Division geriet ganz wie die 9. in dichtem Nebel an den Feind. Die Vorhut, Infanterie-Regiment 50, sah sich plötzlich in Ethe in wildem Kampf verstrickt. Dem schnellen Vorwärts folgte ein weiteres Zurück, damit die eigene Artillerie erst wirken könne. Batterien des Feldartillerie-Regiments 20 waren mit schwerer Mühe, trotz mehrfach stürzender Geschütze und Protzen, östlich der Straße, nach den Befehlen ihres schon bei der Erkundung schwer verwundeten aber noch stundenlang ausharrenden Kommandeurs, des Oberstleutnants von Schleicher, in Stellung gegangen. Sie eröffneten bei weichendem Nebel das Feuer auf Ethe.

Die 20. Infanterie-Brigade lag mit Infanterie-Regiment 50 um Ethe, mit Infanterie-Regiment 47 links davon im Wald bei Laclaireau im Kampfe. Was Führer sein heißt, zeigte Major von Raumer, der, verwundet, das Kommando über sein Bataillon beibehielt. Erbittert, langsam, wie die 12. Infanterie-Division im Wald von Rossignol, drang Infanterie-Regiment 47 in vielen Stunden währendem, in lauter Einzelkämpfe sich auflösendem Waldgefecht bis an die Straße Ethe—St. Léger durch.

Die 19. Brigade wurde unterdes nach rechts herausgezogen. Sie ging zum Angriff auf Belmont vor und erreichte die Linie der Gehölze südlich dieses Dorfes. Jedoch beschloß die Führung, die Truppen für die Nacht in Stellungen nördlich der beiden Ortschaften zurückzunehmen.

Der wechselvolle Kampf hatte auch die Artillerie viele Verluste gekostet, sie stellenweise sogar unmittelbar in den wogenden Infanteriekampf hineingezogen. Sowohl die 56er wie die 20er hatten sich der Angriffe, die Zünder auf kürzeste Entfernung gestellt, erwehrt, wobei sie mit Teilen im Feuer Kehrt machen mußten. In offener Feuerstellung schwer beschossen, beeinträchtigt durch starke Verluste bei ihren Kolonnen und durch führerlos in wilder Angst in den Batterien umherjagende Gespanne, erzielten sie dennoch gute Wirkung. Das Schweigen der feindlichen Artillerie bewies es. Munitionskolonnen, die anderen Tags auf der Straße Ethe—Gomery zu halten gezwungen waren, hatten Muße genug, sich das Bild genauer anzusehen, das die Wirkung unserer Artillerie hervorgebracht hatte: zusammengeschossene Geschütze und Fahrzeuge lagen zwischen ganzen Wällen von Pferdeleibern, die starr die Hufe zum Himmel streckten und schmerzverzerrt die Zähne fletschten. Es war eine plötzliche, eine schlagartige Vernichtung gewesen.

Der Kampf der 10. Infanterie-Division hatte viel gekostet. Ihr Generalstabsoffizier, Major Aubert, war tot. Auch dieses Mannes Fehlen wurde alsbald von Führern wie Truppe unmittelbar und tief empfunden. Der Kommandeur der 6. Grenadiere, Oberstleutnant Heyn, war gefallen. Am schwersten hatten die 50er gelitten. 29 Offiziere und über 600 Mann waren ihr Gefechtsverlust.

Nachts blieb es ruhig. Zum XIII. Armeekorps nach Süden fehlte jegliche Verbindung.

Im Zentrum.

Die Kämpfe bei Bleid, Baranzy und Romain.

Am 21. bereits hatte ein Bataillon des XIII. Armeekorps, das III./Infanterie-Regiments 123, von Châtillon aus eine gewaltsame Erkundung gegen die Linien Virton—Latour ausgeführt, war mit dem Feinde, der zahlreich aus den Wäldern trat, an der Basse-Vire in Gefechtsfühlung gekommen, war selber in Virton gewesen und schließlich bis St. Léger zurückgegangen, wo es, müde genug, die in Bereitstellungen rückenden Kameraden wiederfand.

Dem Körper und Geist in Spannung haltenden, nächtlichen Warten wurde, im Nebeldunst des frühen Tages, durch den Korpsbefehl zum Angriff ein Ende gemacht. Der Feind hielt das Höhengelände nordöstlich Bleid über Mussy-la-Ville bis Baranzy besetzt. Der Befehl lautete für die 27. Infanterie-Division, den Gegner über die Bahn Virton—Musson zurückzuwerfen, für die 26. Infanterie-Division, an dieser Bahn entlang in Richtung auf Ville-Houdlemont vorzugehen.

Die Straße von Châtillon hart rechts liegen lassend, ging die 53. Infanterie-Brigade, unter Generalmajor von Moser, mit den Infanterie-Regimentern 123 und 124 durch dichten Wald und sumpfige Schlenken vor. Im Reihenmarsch, dicht aufgeschlossen, folgte jeder seinem Vordermann, besorgt, daß er bei der Dunkelheit den Anschluß nicht verliere. Um 7 Uhr wird die Entwicklung zu Schützenlinien vorgenommen. Um 10 Uhr beginnt der Angriff. Die Ausführung glich anfangs einer guten Gefechtsbesichtigung auf dem Truppenübungsplatz. Zuerst gehts vor, wie es das Reglement gelehrt hat: Die Offiziere voran, die Mannschaft hinterdrein. Doch bald fließt Blut. Da gibts kein Halten mehr, kein Stutzen. Die höheren Führer werden der zuinnerst verborgenen Zweifel ledig, als sie gewahren, wie die Truppe die letzte, ernste Prüfung soldatischen Könnens besteht. Vergebens sucht der Hauptmann, der Major, die Allzustürmischen zu zügeln. Der wilde Mut reißt alle Schranken gemessener Vorsicht nieder. Der einzige Begriff: Vorwärts! verkörpert den brünstigen Wunsch und Willen, im Feind den Mann zu packen, der deutschen Frieden brach, ihn totzuschlagen, zu erwürgen und gänzlich zu vernichten. Bis Bleid faßt die 53., südöstlich davon die 54. Brigade an. In langer Linie zeigt erste Sicht die Artillerie südwestlich Villancourt. Sie bricht mit vorzüglicher Wirkung den letzten feindlichen Widerstand. Um 1 Uhr rastet man schon in den eroberten Stellungen des Gegners.

Die 26. Infanterie-Division hatte mit der 51. Infanterie-Brigade unter Generalmajor von Stein, gleichfalls siegreich, den Feind aus Baranzy geworfen und hielt die Höhen südwestlich des Dorfes. Die Mittagsstunde brachte erwünschte Ruhepause.

Der Feind hatte gehofft, durch Widerstand in seinen nun verlorenen Positionen einen starken Angriff unterstützen zu können, den er am Vormittag gegen die Belagerer von Longwy richtete. Er war nämlich über die Straße Tellancourt—Longwy nach Norden vorgestoßen und hatte Romain, sowie die Höhe östlich davon mit starken Kräften und unter reichlichem Einsatz von Artillerie angegriffen. Beim Detachement Kaempffer war der Plan, die Feste gleich im Sturmangriff zu nehmen, angesichts dieser drohenden Gefahr sofort fallen gelassen worden. Jetzt handelte es sich zunächst darum, das Höhengelände zwischen Romain und Ouvrage du Bel Arbre vor dem Gegner zu erreichen und fest in der Hand zu behalten. Ingrimmiger Kampf tobte alsbald um die Häuser von Romain. Hauptmann Kamm fiel hier an der Spitze seiner herbeieilenden 8. Kompagnie. Die stillen Gräber des kleinen Friedhofes wurden in wildem Ringen zerstampft. Ihre Denkmäler, ihre bescheidene Umfriedung wurden unfreiwillig den Deutschen zur Brustwehr. Der Kirchhof wurde gehalten; als alle Angriffe auf die Höhen östlich bis zum Erdwerk Bel Arbre vor den unerschütterlichen 122ern gescheitert waren, war auch hier der Feind mit schweren Verlusten geworfen. Der vorn befindliche Brigadekommandeur, General v. Teichmann, ordnete hierauf das Zurückgehen an, um unnötige Verluste durch Artillerie zu vermeiden. Der Hauptteil des Infanteriekampfes um die Feste Longwy erwies sich später als mit dem Gefecht von Romain beendet.

Die Mittagssonne schien auf erhitzte, graue Leute, die in Hafer- und Kartoffelfeldern, im Geranke weißer Bohnen, in zerwühlten Waldrändern ruhten. Die Offiziere bis zu den Kommandeuren waren bemüht, zu ordnen und zu sammeln; denn der Tag war noch nicht zu Ende. Der Nachbar links, das VI. Reservekorps, sollte in günstigem Kampfe bei Cutry liegen; ungewiß aber und zweifelnd blickte man nach rechts, von wo nichts zu erfahren war. Major von Gültlingen, der Kommandeur der 19. Ulanen, mit seinem Regiment unten an der Talstraße die rechte Flanke des Armeekorps deckend, war gefallen, Verbindung mit dem V. Armeekorps aber nicht geschaffen. Zwei bis drei französische Kompagnien im Basse-Vire-Grund, wie eingekeilt zwischen den beiden Korps, verhinderten die dahinzielenden Bemühungen. Nur im weiteren Vorgehen erblickte der kommandierende General, General v. Fabeck, den Schlüssel zur Lösung dieser Lage.

Nach 3 Uhr nachmittags begann die 27. Infanterie-Division in breiter Linksschwenkung dem nach Süden weichenden Feinde zu folgen. Gleichzeitig ließ der Herzog von Urach bei seiner 26. Infanterie-Division Signal: „Rasch vorwärts" blasen. Nach kurzem Gefecht nahmen seine Truppen den Wald von Ville Houdlemont und St. Pancré; andere säuberten Cussigny, wo der Divisionsstab einem tückischen Feuerüberfall ausgesetzt war. Bis in die Dunkelheit währte die Verfolgung. Um 9.30 abends überraschte noch das III. Bataillon Infanterie-Regiments 125 eine feindliche Batterie in Marschkolonne im Walde von St. Pancré. Im Augenblick waren die Geschütze und Fahrzeuge genommen, von der Bedienung tot oder gefangen, was sich nicht seitwärts in die Büsche schlagen konnte. Die Nacht beschattete völlig erschöpfte Truppen. Sie biwakierten, wenn man halten, hinwerfen und schlafen so nennen kann, bei St. Rémy und Grandcourt, sowie in der Linie von Tellancourt bis Villers-la-Chèvre. Der Schlaf der Lebenden glich dem der vielen Toten. Todmüde Posten sicherten.

Kämpfe des VI. Reservekorps.

Aus den Meldungen über den Feind am 21. August hatte General von Goßler den Eindruck gewonnen, daß der Gegner seine Truppen in nördlicher Richtung verschob, um sich mit Übermacht auf die Belagerer von Longwy zu stürzen. Vorgehen nach Westen war daher der taktische Entschluß. Auch hier bedeckte dichter Nebel die Landschaft. In seinem Schutz vollzog sich die Entfaltung an der Straße Haucourt—Villers-la-Montagne—Bréhain-la-Ville, rechts 11., links 12. Reserve-Division. Ruhelos war die Nacht auch hier gewesen.

Der Angriffsstreifen des Korps wurde rechts von der Chiers und links vom gleichfalls tiefen Einschnitt des Baches von Baslieux begrenzt. Das Angriffsziel wurde durch die Eckpunkte Longuyon und Pierrepont bezeichnet. Dem Vorgehen stellte sich zunächst kein Hindernis entgegen. Aus Cutry sich entwickelnde Schützen wurden von der 23. Infanterie-Brigade, Generalmajor v. Götzen, Infanterie-Regimenter 22 und 156, durch das brennende Dorf zurückgejagt; Hauptmann Thomas fing hier mit seiner 11. Kompagnie Infanterie-Regiments 22 im Kirchhof 80 Mann. Der besetzte Wald von Lauromont wurde von der 21. Reserve-Infanterie-Brigade, Generalmajor v. Gallwitz, Reserve-Infanterie-Regimenter 10 und 11, genommen. Die Division ging weiter auf Ugny, La Caure-Ferme und Bois de Tappe. Bis westlich Lexy hatte der Kampf die 22er geführt. Teile vom Reserve-Regiment 11 waren, durch das brennende Chénières rechts abgelenkt, zwischen 156 und 22 geraten. In Linie Cons-Lagrandville—Ugny hatte Infanterie-Regiment 156 den letzten Schuß im Lauf, als die braven Fahrer Stachowiack und Rasmussen in treuester Pflichterfüllung die ihnen anvertrauten Patronenwagen durch schweres Feuer bis in die Schützenlinie brachten. Der Feind setzte jetzt mit starken Kräften Gegenangriffe an. Hart traf der Stoß die Brigade Gallwitz. Die Franzosen trachteten offenbar, die durch den Wald von Lauromont in 2 Teile getrennte Front der Division zu durchbrechen. Vorwärts und rückwärts wogte der Kampf. Mit Aufbietung aller Kraft gelang es, den Südwestrand des Waldes zu halten. Dort lag, feuernd zusammengeschossen, die tapfere 6. Batterie des Reserve-Feldartillerie-Regiments 11.

Die 12. Reserve-Division hatte unterdessen Laix und Baslieux, ohne auf den Feind zu stoßen, durchschritten. Nur wer in heißer Augustsonne, feldmarschmäßig bepackt, all die tiefen, steilgeränderten Schluchten durchmessen hat, die immer wieder senkrecht zur Vormarschrichtung sich in das hügelige

Gelände schneiden, wird voll ermessen können, was hier von den Reservetruppen geleistet worden ist, noch ehe der Kampf begann. Erst an den Waldstücken, die das Dörfchen Doncourt im Halbkreis östlich umlagern, stemmte sich der erbitterte Widerstand des Feindes den Schlesiern entgegen. Im Wald Gr. Champ fest eingenistet, versuchte der Gegner, die dort nach Norden streichende Schlucht zu sperren. Umsonst, sie wurde durchschritten. Mit großer Tapferkeit und unter großen Verlusten wurde angegriffen. Die Artillerie unterstützte von Laix aus das Vorgehen. Stundenlange Kämpfe sah die Senke vor den Gehölzen von Goemont und Doncourt, die vom Feinde schließlich behauptet wurden. Mittags kam Nachricht von feindlichem Vormarsch aus Richtung Joppécourt nach Norden.

Die Führung war zeitweise in schwerer Sorge. Vom Durchbruch in der Mitte, von Umfassung auf seinem linken Flügel bedroht, kämpfte das tapfere Korps unter steigenden Verlusten mit Einsatz aller Kräfte. Gefahr war im Verzuge. Am Nachmittag erging die Bitte um Unterstützung an das V. Reservekorps. Ihr wurde von der selbständig handelnden 10. Reserve-Division entsprochen. (S. S. 35) Dank rechtzeitiger Entlastung konnte die 12. Reserve-Division ihren linken Flügel in Ordnung auf die Höhen westlich Laix zurücknehmen. Verblüfft dem höheren Befehl gehorchend, für dessen Notwendigkeit ihnen naturgemäß die Erkenntnis verschlossen blieb, verließen spät am Abend und in der Nacht die Kämpfer die erstrittenen Linien. Das flache Grabenstück im Haferfeld, bescheidene Deckungen, bei der mißtönigen Musik des feindlichen Feuers unter Hergabe vielleicht der letzten Kraft dem Boden abgerungen, sie waren dem einzelnen in diesen wenigen Stunden ein kostbarer Besitz geworden, verwachsen mit dem eigenen Leben, wie heimatliche Scholle. Erbittert sah man ihn verloren gehen.

Der 11. Reserve-Division war es am späten Nachmittag gelungen, den feindlichen Angriff in rückläufige Bewegung zu zwingen. Der schmal vorgetragene Durchbruchsversuch entbehrte rechts und links der Stützen und brach schließlich zusammen. Reserve-Infanterie-Regiment 10 ging wieder vor, La Caure Ferme und Bois de Tappe wurden zurückerobert. Bei Nacht lag das Korps in mehreren Gruppen, bei Cons-Lagrandville, westlich des Waldes von Lauromont und auf den von 401 nordwestlich Laix nach Süden streichenden Höhen.

Der Gegner war am nächsten Morgen abgezogen. Das plötzliche Eingreifen des VI. Reservekorps hatte den Franzosen in seiner gegen Longwy gerichteten Bewegung aufgehalten, starke Kräfte zum Abdrehen nach Osten genötigt und diese schließlich zum Weichen gebracht. Es hat so zweifellos dazu beigetragen, den Erfolg von Romain zu ermöglichen und damit den Fall der Feste Longwy zu besiegeln.

Das Korps verlor in diesen Kämpfen 123 Offiziere und über 4000 Mann tot und verwundet.

Auf dem Südflügel.

Kämpfe bei Ville-au-Montois.

Den Südflügel der Armee bildete das XVI. Armeekorps, das am Morgen des 22. August in der ungefähren Linie Aumetz—Fentsch stand. Seine linke Flanke deckte die 6. Kavallerie-Division bei Landres. Zur Schließung der Lücke, zwischen VI. Reservekorps und XVI. Armeekorps, war das V. Reservekorps in anstrengendem Nachtmarsch vorgezogen worden in die Linie Crusnes—Aumetz, die mit den Anfängen gegen 9 Uhr vormittags erreicht wurde. Um 10.40 vormittags traf ein Befehl vom Oberkommando ein, wonach das V. Reservekorps bis zur Linie Pierrepont—Joppécourt vorzugehen und den Crusnes-Abschnitt zu besetzen und zu verteidigen hatte. Da das XVI. Armeekorps die Linie Joppécourt—Andernn, für den rechten Flügel den erstgenannten Ort, als Ziel hatte und um 9 Uhr vormittags zum Angriff angetreten war, so war die Einheitlichkeit der großen Bewegungen gesichert. Trotzdem schieden sich die Kämpfe, dem Zwange des Geländes folgend, alsbald in deutlich getrennte Gruppen.

Die 10. Reserve-Division hatte ohne wesentliche Verluste die düstere Waldenge von Bréhain, sodann die große Nationalstraße von Morfontaine nach Mercy-le-Haut hinter sich gebracht. Ihr Angriff gegen Höhe 366 nordöstlich Ville-au-Montois und gegen dieses Dorf war im Zuge. Da traf um 3.15 nachmittags Nachricht aus Baslieux über die Lage bei der 12. Reserve-Division ein. (S. S. 33.) Jetzt mußte die bisher gemeinsame Angriffsrichtung der Division gegabelt werden, um der hart kämpfenden Nachbardivision Hilfe zu bringen. Das Infanterie-Regiment 155 und das Reserve-Infanterie-Regiment 46 wurden zum Vorstoß durch den Wald Les Hayes de Pierrepont angesetzt, während Regiment Steinmetz Nr. 37 und Reserve 37 zum Sturm auf Ville-au-Montois, demnächst auf Bazailles und Boismont, vorgingen. Hierbei entspannen sich Kämpfe, die an Grimm und blutigen Opfern keinen anderen nachstehen. Aus zäher Verteidigung, die sich in Häusern hier, in Büschen dort, verklammerte, wurde der Franzose Schritt um Schritt zurückgepreßt. 41 Offiziere und 1430 Mann verlor das Regiment Steinmetz. (Füsilier-Regiment 37.)

Die 9. Reserve-Division war unterdeß, den grünen Waldgrund von Serrouville durchschreitend, auf Fillières vorgestoßen. Kurz vor ihr war die rechte Flügelbrigade des XVI. Armeekorps, die 68. Infanterie-Brigade unter Generalmajor v. Estorff, aus der tiefen Waldschlucht zwischen dem großen und dem kleinen Rimont-Wald heraufgestiegen und hatte den südlichen Teil von Fillières in scharfem Kampf genommen. Daher hatte die Infanterie der 9. Reserve-Division nur noch leichten Widerstand im Dorf zu überwinden. Ihre Angriffsfront wurde beiderseits von Fillières vorüber nach Westen eingedreht, haltender Feind wurde geworfen und der weichende auf Ville-au-Montois verfolgt. Teile der 67er von jener Brigade schlossen sich hierbei an. In Ville-au-Montois, das wie mit hundert Riesenfackeln die Dämmerung durchleuchtete, trafen Verbände dreier Divisionen zusammen. Auch bis Bazailles und Boismont, die gleichfalls brannten, gelangten Teile der 9. Reserve- Division.

Kämpfe bei Audun-le-Roman.
(Skizzen 2, 7 und 8.)

Die Hauptmasse der Brigade v. Estorff war von Fillières, wo sich ihr ein Bataillon des 6. Reserve-Infanterie-Regiments der 9. Reserve-Division angeschlossen hatte, in die Richtung auf Joppécourt eingebogen. Vor ihrem Ansturm und unter der treffsicheren Einwirkung der ersten Abteilung Feldartillerie-Regiments 69 räumte der Feind die Höhen östlich Joppécourt; er rettete mit knapper Not seine dort stehenden Geschütze vor den anstürmenden Pionieren der 3. Kompagnie des 16. Bataillons. Die Brigade v. Estorff gehörte zur 34. Infanterie-Division, die sich bei der schwierigen Überwindung des Abschnittes Fillières—Malavillers in diese nördliche Gruppe und eine südliche geschieden hatte. Die letztere griff unter Führung des Generals Miesitscheck von Wischkau, des Kommandeurs der 86. Infanterie-Brigade, über Malavillers auf Mercy-le Haut an. Nach endgültiger Säuberung von Audun konnte der Angriff zunächst auf Malavillers, dann, zusammenwirkend mit 33. Infanterie-Division, gegen Mercy-le Haut und seine vorgelagerten Höhen angesetzt werden.

Die 33. Infanterie-Division war nämlich im Verlauf des Tages weit vorgekommen. Um 7 Uhr vormittags war sie aus der Linie Beuvillers-Sancy auf Malavillers vorgegangen, um 10 Uhr nach links verschoben worden, um der 34. Infanterie-Division Raum zu geben. Gleichzeitig war Infanterie-Regiment 144 auf Anderny angesetzt worden. Es nahm das Dorf nach leichtem Kampf gegen 1 Uhr nachmittags. Der Feind dagegen ging erneut durch Malavillers auf Audun vor, das längere Zeit von nur einer Kompagnie Infanterie-Regiments 135 mühsam festgehalten wurde, bis die Südgruppe der 34. Infanterie-Division herankam. Das nächste Ziel der 33. Infanterie-Division waren die Höhen östlich Murville und Bonvillers. Sie wurden um 6 Uhr nachmittags ohne Kampf erreicht. Die 66. Infanterie-Brigade folgte, links rückwärts gestaffelt, als Sicherung gegen Überraschungen in der linken Flanke. Da sich erst spät herausstellte, daß diese frei von stärkeren Kräften war, wurde erst um 6.30 abends der Befehl zur Schwenkung nach Nordwesten auf Mercy-le-Bas gegeben. Um diese Zeit hatte die 34. Infanterie-Division bereits Malavillers gestürmt und die Umfassung gegen Mercy-le-Haut eingeleitet. Nun traf der Stoß der 33. Infanterie-Division den Feind in seiner rechten Flanke. Aus seinen Stellungen herausmarschiert, zog er sich bald eiligst zurück. Die eigenen Verluste waren gering Higny und Tivry-Circourt wurden rasch genommen. Um 8 Uhr abends fielen die Stellungen von Mercy-le-Haut durch einheitlich von Ost, Südost und Süden vorgeführten Angriff der Infanterie-Regimenter 173 und 30 und zweier Bataillone des Königsinfanterie-Regiments Nr. 145. Der Feind erlitt bedeutende Verluste. Ein Gegenstoß französischer Jäger gegen den linken Flügel der 30er und die 9. Kompagnie 145 wurde abgewiesen. Der Feind ließ hier zahlreiche Tote liegen. Doch auch die 34. Infanterie-Division hatte schwer gelitten. Mit beginnender Dunkelheit wurde die Verfolgung eingestellt und zur Ruhe übergegangen.

Der Gegner war überall geschlagen, doch nicht vernichtet. Die Unsicherheit der linken Flanke hatte die 33. Infanterie-Division so lange aufgehalten, daß sich der Feind der drohenden Einkreisung westwärts in der Richtung auf die Maas, zu entziehen vermocht hatte.

Die Armee hatte am 22. August in Feindesland festen Fuß gefaßt. Sie hatte den Feind geschlagen, obwohl die Größe des Sieges vielfach erst andern Tags erkennbar wurde. Zu Führern wie Truppe hatte der Krieg mit aller Furchtbarkeit zum ersten Male gesprochen. Eindringlich kam das Gefühl des Dankes jedem zum Bewußtsein, daß diese Verwüstungen der Heimat erspart blieben, daß diese von den fruchtschweren Garben der eben eingebrachten Ernte genährten Brände nur ihren blutigen Widerschein in ohnmächtiger Drohung über die Grenze werfen konnten. Über den weiten Gefilden der Schlacht verklang mit ihren letzten Donnern das verlorene Rufen irrender, obdachloser Dorfbewohner. Durch Busch und Feld, hier, da und allenthalben, huschten die Lichter derer, die, eine weiße Binde mit rotem Kreuz am Arm, den Verwundeten Rettung, den Sterbenden Linderung brachten. Ja, die Kämpfer ruhten; die Ärzte arbeiteten, solange das Aufgebot des ganzen Menschenwillens die Hand der Fürsorge an soviel Bedürftigen dienstbar machen konnte.

Der 23. August.

"Fünfte Armee hat Freiheit der Bewegung. Erwünscht ist, Feind nordwestlich Verdun vorbei in westlicher Richtung abzudrängen." Dieser Befehl der Obersten Heeresleitung traf um 7 Uhr vormittags beim Armee-Oberkommando in Esch ein. Die Truppen des Kronprinzen standen am frühen Morgen etwa in der Linie: Meix-devant-Virton—Virton—Latour—Tellancourt—Villers-la-Chèvre—Ugny—Laix—Ville-au-Montois—Joppécourt—Xivry-Circourt—Landres; die 3. Kavallerie-Division stand in Gegend südwestlich Etalle, den Raum zwischen den inneren Flügeln der 4. und 5. Armee deckend; die 6 Kavallerie-Division stand bei Landres. Fünf Landwehr-Brigaden waren im Vormarsch über Briey und Metz auf den linken Flügel der Armee. Die 33. Reserve-Division, Hauptreserve von Metz, sollte gleichfalls in dieser Richtung vorgezogen werden. (S. Seite 44.)

Der Gegner hatte am 22. August die vorgehende Armee fast auf der ganzen Linie angegriffen und war geschlagen worden. Vor dem linken Flügel der Armee sollte der Rückzug in Flucht ausgeartet sein. Auf Grund dieser Lage mußte das Armee-Oberkommando den Entschluß für den 23. August fassen.

Der zurückgehende Gegner durfte nicht zur Ruhe kommen, es kam darauf an, ihn von den schützenden Forts der Festung Verdun abzuschneiden, um ihn im Felde zu vernichten. Diesem Plan war der eilige Rückzug des Feindes gerade vor dem linken Armeeflügel besonders günstig.

Das Armee-Oberkommando befahl daher in dem um 7.25 Uhr vormittags in Esch ausgegebenen Armeebefehl energische Verfolgung auf der ganzen Linie, um den Feind von

Verdun abzudrängen und den gestrigen Sieg zu einer vollen Katastrophe für ihn zu gestalten. Den Korps wurden für den 23. August Marschziele bis an und über den Othain gegeben. Das V. Armeekorps sollte sich bereit machen, den Kampf des linken Flügels der 4. Armee (des VI. Armeekorps) westlich Tintigny, wenn nötig, zu unterstützen, das XIII. Armeekorps die Linie Marville—Rupt erreichen, das VI. Reservekorps die Linie St. Laurent—Pillon. Das zur Umfassung des Gegners angesetzte XVI. Armeekorps sollte mit dem vorzunehmenden linken Flügel Spincourt, mit dem rechten Flügel Nouillon-Pont erreichen. Das V. Reservekorps sollte zunächst stehen bleiben, um je nach der Lage nachgezogen zu werden. — Die 6. Kavallerie-Division wurde zur Verfolgung über Spincourt auf Damvillers angesetzt.

Der Tag verlief im allgemeinen ruhiger. Jedoch konnten die Korps die gegebenen Marschziele nicht erreichen. Die Erschöpfung der Truppen durch die bis in die Nacht hinein dauernden Kämpfe, die ungeklärte Lage, deren Aufhellung durch den am Morgen herrschenden dichten Nebel erschwert wurde, die dadurch verzögerte Ausgabe der Befehle hatten zur Folge, daß erst spät angetreten wurde. Auch leisteten feindliche Nachhuten stellenweise zähen Widerstand, der den Vormarsch wesentlich verzögerte.

Das VI. Armeekorps, das am 22. August der Bitte des V. Armeekorps entsprechend, der 5. Armee Unterstützung gewährt hatte, erhielt vom Armee-Oberkommando 4 noch nachts den Befehl, wieder in westlicher Richtung einzuschwenken, um dem vom XVIII. Reservekorps bei Suzy geschlagenen Gegner in den Rücken zu kommen. Ein unmittelbares Zusammenwirken mit dem V. Armeekorps fand daher am 23. August nicht statt. Um 5 Uhr vormittags wurde aus der Linie Rossignol—Tintigny angetreten. In Rossignol kam es nochmals zu heftigen Straßenkämpfen. Die zusammengeschossene feindliche Artillerie versperrte am Südausgang die Straße und verursachte erhebliche Verzögerung. Um 10 Uhr vormittags konnten beide Divisionen die Linie Termes—St. Vincent überschreiten. Der Gegner hielt Les Bulles und die Höhen östlich davon. Die 78. Infanterie-Brigade stellte eilig Brücken über den Semois her. Die 63er entwickelten sich am weitesten rechts und führten das Gefecht hinhaltend, bis das erst allmählich in die westliche Richtung drehende Armeekorps heran war. Die 11. Infanterie-Division blieb links gestaffelt. Um 4.30 Uhr nachmittags waren die Höhen östlich Les Bulles genommen. Hier wurde der Kommandeur der 63er, Oberst Zollern, tödlich verwundet. Sein letzter Hauch, ein Ruf zum Sturm, galt seinem Regiment, das Les Bulles nahm und bis zum Westrand durchstieß. Der Feind flutete auf Izel zurück. Die 24. Infanterie-Brigade war nördlich der Straße Jamoigne—Frenois, die 11. Infanterie-Division südlich davon verblieben. Um 7 Uhr abends wurden die Bewegungen der erschöpften Truppen eingestellt. Man biwakierte an den erreichten Plätzen.

Das V. Armeekorps machte keine weitgreifenden Bewegungen, da die Lage beim VI. Armeekorps noch ungeklärt war. Das Mörser-Regiment 6 wurde auf Buzenol vorgezogen, um demnächst gegen Montmédy eingesetzt zu werden. Die 9. Infanterie-Division bekämpfte tagsüber die feindliche Artillerie südlich Meix-devant-Virton. Patrouillen stellten den allgemeinen Abmarsch der gegnerischen Hauptkräfte fest. Zu Infanteriekämpfen kam es nicht. Die geplante Besetzung des ungünstig gelegenen Virton unterblieb. Die 10. Infanterie-Division ging, ohne Berührung mit dem Feinde zu finden, bis St. Mard, Chenois und Latour vor. Der Kampf gegen die durch örtliche Einflüsse fanatisierte Bevölkerung führte in den Dörfern zu grausam scheinender, doch unbedingt gebotener Vergeltung. Wo solche verderbliche Einwirkung nicht zur Geltung kam, wie z. B. in Latour, blieb alles unversehrt.

Beim XIII. Armeekorps erkannte man am Morgen die Größe des gestrigen Sieges. Der fluchtartige Rückzug des Feindes hatte seine unverkennbaren Spuren allerwegen hinterlassen, diesen selbst aber dem Griff des Verfolgers entzogen. Am späten Vormittag trat das Korps in drei Kolonnen zur Verfolgung an: über La Malmaison—Allondrelle auf Charency, über

Tellancourt auf Villette, von Villers-la-Chèvre über Montigny-sur-Chiers auf Longuyon. Die Ziele wurden an diesem Tage nicht erreicht. Die rechte Kolonne sah sich im schluchtenreichen Wald bei Allondrelle durch feindliche Nachhuten aufgehalten. Sie warf den Gegner bald zurück, verfolgte ihn mit Patrouillen, blieb aber mit der Masse in Allondrelle. Die Vormarschstraße der Hauptkolonne der 27. Infanterie-Division lag unter Feuer weittragender Batterien. Das Gros wurde angehalten. Die Vorhut warf schwachen Feind aus dem Bois de la Taillette, ging aber selbst in das Bois de Buré d'Orval zurück. Aufklärung und Erkundung wurden eingeleitet, um andern Tags den Flußabschnitt planmäßig zu erzwingen. Die 26. Infanterie-Division sammelte sich westlich Villers-la-Chèvre und trat nach heftigem Artilleriekampf gegen Mittag den Vormarsch auf Montigny-sur-Chiers an. Das Feuer der Artillerie setzte diesen Ort in Flammen und wurde dann auf die feindlichen Stellungen auf dem Südufer der Chiers vereinigt. Durch die vernichtende Feuerwirkung zum Weichen gezwungen, zog sich der Feind, auch weiterhin heftig beschossen, nach Süden und Südwesten zurück. Um 4 Uhr nachmittags wurde Montigny, um 5 Uhr das südliche Chiersufer erreicht. Am Abend ruhte die 51. Infanterie-Brigade in Longuyon und schob nachts Sicherungen bis Noërs durch.

Das VI. Reservekorps trat mit der 11. Reserve-Division auf Longuyon, mit der 12. Reserve-Division auf Beuveille an, um zunächst den Crusnes-Abschnitt zu gewinnen. Der Tag brachte die 11. Reserve-Division zwar ohne Gefecht, aber infolge vielfacher Marschstockungen spät und sehr ermüdet bis Longuyon. Die in langen Serpentinen in das Crusnesbach-Tal hinabführende Straße war in der Dunkelheit völlig versperrt. Pferde aus den nördlich Longuyon gelegenen Biwaks wurden zur Tränke geführt, andere strebten bergauf. Ein Durchkommen war kaum für einzelne Fußgänger möglich. Die Stadt lag wie ausgestorben. Der trübe Schein vereinzelter Laternen malte hier und da die schattenhaften Umrisse der Häusergiebel als drohende Gebilde ins Grau des Himmels. In diesen Gassen nächtigte die

23. Infanterie-Brigade. Zwei Bataillone wurden als Vorposten bestimmt. Mitternacht war längst vorüber, als sie sich noch bis an den Weg nach Sorben den südlichen Talhang hinaufquälten. Die übrigen Teile der Division waren nordöstlich Longuyon verblieben. Die 12. Reserve-Division stieß ebenso wie die Württemberger des XIII. Armeekorps auf feindliche Nachhuten, die der Division östlich des Crusnes entgegentraten und von Artillerie aus Stellungen westlich Arrancy gedeckt wurden. Der Weg durch Doncourt und Beuveille mußte erst erstritten werden. Dann zwang der vorgeschrittene Tag zum Verzicht auf weiteren Angriff. Nur schwache Kräfte wurden bei Pierrepont über den Bachabschnitt geschoben. Sie trafen dort Postierungen des V. Reservekorps.

Dieses Korps blieb am 23. August stehen. Es hatte Reserve-Infanterie-Regiment 46 zur Belagerung von Longwy abgegeben, im übrigen ordnete es seine Verbände und schob Patrouillen und Vorposten bei Pierrepont und Han-devant-Pierrepont über den Crusnes. Man benutzte die Zeit zum Austausch der neuen Erfahrungen. Dem Schießen der feindlichen Artillerie wurde ein gutes, dem der Infanterie ein schlechtes Zeugnis ausgestellt. Der Franzose war im freien Feld frühzeitig davongelaufen, Deckungen hatte er hartnäckig verteidigt. Oft hatte er sich für tot überlaufen lassen, um dann hinterrücks zu schießen.

Beim XVI. Armeekorps traf um 7.30 Uhr vormittags der mit Ungeduld erwartete Befehl zur Verfolgung auf Nouillon-Pont und Spincourt ein. Es erreichten ohne Kampf: die 34. Infanterie-Division die Gegend zwischen St. Supplet und Pierrevillers, die 33. Infanterie-Division Ollières—Réchicourt—Domprix. Die 6. Kavallerie-Division biwakierte zwischen Joudreville und Norroy-le-Sec. Nachhuten des Gegners waren unangegriffen über den Othain gewichen.

Drei Landwehrbrigaden (9. bayer., 13, 53) trafen am 23. August erhitzt und müde in Briey ein, zwei andere (43. u. 45.) waren von Fentsch auf Landres vorgezogen. Die Hauptreserve Metz, die 33. Reserve-Division, hatte Conflans und

Mars-la-Tour erreicht und bildete nunmehr den linken Flügel der Armee. (S. Seite 39.)

Die 33. Reserve-Division war bereits am 20. August auf dem rechten Flügel der 6. Armee in siegreichem Gefecht gewesen, hatte am 21. in den eroberten Stellungen in Gegend Nomeny genächtigt und war am 22. nach Norden in Marsch gesetzt worden, um am 23. Conflans zu erreichen. Die Landwehr-Brigaden hatten den Auftrag gehabt, unter dem Höheren Landwehrkommandeur 2, Generalleutnant Franke, im Anschluß an die Festung Metz eine Stellung an der deutschen Niedfront nach Südosten auszubauen. Da nach den siegreichen Kämpfen der 6. Armee (Schlacht in Lothringen) die Besetzung der Niedlinie nicht mehr notwendig erschien, wurden die hierfür eingesetzten Brigaden von der 5. Armee an ihren linken Flügel herangezogen.

Zum Marsch dorthin bereitete sich auch die 3. Kavallerie-Division vor, die noch bei Haban-la-Neuve stand, um sich mit der 6. Kavallerie-Division zu vereinigen.

Der Gegner hatte Zeit gefunden, sich zu setzen. Die Feste Longwy hatte ihren Zweck erfüllt; sie hatte nicht unerhebliche Teile der Armee, vor allem schwere Artillerie festgehalten, über die sonst die Generalkommandos hätten verfügen können. Die über den Feind eingehenden Meldungen ließen darauf schließen, daß man am Othain-Abschnitt stärkeren Widerstand finden würde. Aus Verdun hatte der Feind Verstärkungen auf Spincourt, Eton und Etain herangezogen. Fliegererkundungen stellten am Abend des 23. August Biwaks starker feindlicher Kräfte in Gegend Damvillers, Mangiennes und Billy fest.

In Weiterverfolgung seines Planes, den Gegner von Verdun nach Nordwesten abzudrängen, faßte der Führer der 5. Armee den Entschluß, den Othain-Abschnitt durch umfassenden Angriff des XVI. Armeekorps mit unterstellter 33. Reserve-Division und Landwehrtruppen für die übrigen Korps zu öffnen. Diese mußten gleichzeitig den gegenüberstehenden Gegner angreifen, um ihn festzuhalten. Eine Umfassungsbewegung des Gegners von Verdun her wurde nicht befürchtet, da man beim Armeeoberkommando annahm, daß in dieser Festung sich nur noch schwache französische Kräfte befänden. Die 4. Armee wollte den Angriff der 5. durch flankierende Einwirkung des VI. Armeekorps unterstützen. Dementsprechend ordnete der am 23. August in Esch gegebene Befehl für den folgenden Tag den Angriff auf der ganzen Front an.

Das V. Armeekorps sollte nach Beendigung des Kampfes bei Virton alle verfügbaren Kräfte in der allgemeinen Richtung Ruette—Charency zur Unterstützung des XIII. Armeekorps vorführen. Montmédy sollte nicht beschossen werden.

Das XIII. Armeekorps sollte vorwärts zum Angriff über den Chiers, Abschnitt Villette—Longuyon. Es sollte hierbei mit dem rechten Flügel des VI. Reservekorps zusammenwirken, das seinerseits über Beuveille—Pierrepont den Crusnes-Abschnitt öffnen sollte.

Das V. Reservekorps hatte über Boismont—Mercy-le-Bas in allgemeiner Richtung Les Eurantes—Pierrevillers vorzumarschieren und erhielt die Aufgabe, unterstützend sowohl nach Nordwesten in den Kampf des VI. Reservekorps als auch nach Südwesten in den des XVI. Armeekorps um die Othainlinie einzugreifen.

Dem XVI. Armeekorps war aufgegeben, den Othainabschnitt im Raume Nouillon-Pont—Amel derart anzugreifen, daß durch Druck auf den südlichen Flügel bei Eton—Amel der Widerstand des Feindes gebrochen würde. Dazu wurden dem Korps die durch Landwehr und schwere Artillerie verstärkte 33. Reserve-Division (Hauptreserve Metz) und die durch 2 Bataillone Fußartillerie (10 cm) verstärkten, gemischten Landwehrbrigaden Nr. 45 (XII. A.-K.), 43 (XI. A.-K.), 13 (IV. A.-K.), 53 (XIII. A.-K.) und 9 (III. B.) unterstellt.

Die 9. bayr., 13. und 53. Landwehr-Brigade unter Befehl des Generalleutnants Franke hatten vom Armeeoberkommando den Befehl erhalten, am 24. August 5 Uhr vormittags von Briey über Norroy-le-Sec auf Bouligny zu marschieren, während die 33. Reserve-Division von Conflans über Gondrecourt zum Angriff vorgehen sollte. Die 43. und 45. Landwehr-Brigade traten bei Landres am 23. August abends unter Befehl des XVI. Armeekorps. Am 24. August wurde von Seiner Kaiserlichen Hoheit dem Kronprinzen der Gouverneur von Metz, General der Infanterie von Oven, mit der Führung dieser Verstärkungen beauftragt. Das „Korps Oven" blieb aber unter dem Befehl des XVI. Armeekorps.

Der 24. August.

Die Kämpfe auf dem Nordflügel.

Im weiten Abstand vom rechten Flügel der 5. Armee bewegte sich die Hauptkolonne der VI. Armeekorps auf tiefer, engpaßartiger Straße durch den Wald von Orval nach Süden. Zur linken war sie von einer starken Seitendeckung begleitet, die durch den Wald von Merlanvaux auf Margny marschierte. Durch das Gelände trefflich unterstützt, hielten Nachhuten des Feindes den Vormarsch auf. Beim Austritt aus dem Waldgebiete zwangen diese die ganze Infanterie zur Entwicklung, die Artillerie zum Auffahren, um dann kampflos zu weichen. So gelangte das Korps an diesem Tage nur bis zur Linie Puilly—Herbeuval.

Da die Straße über Virton nach Torgny unter der Sicht des Feindes und im Bereiche der Kanonen von Montmédy lag, stand dem V. Armeekorps nur die Straße über Ruette—la-Malmaison zum Vormarsch zur Verfügung. Hieraus erwuchsen Verzögerungen, die durch starke Steigungen noch vermehrt wurden. Das Mörser-Regiment quetschte sich mit unendlicher Mühe durch die versperrte Straße nach vorn. Die hinter den Bagagen der 10. folgende 9. Infanterie-Division sah von Ethe an ihren Marsch dauernd von erzwungenem Halten unterbrochen und ging schließlich zwischen Gomery und la Malmaison zur Ruhe über.

Die Vorhut der 10. Division, Gren.-Regt. 6, ging über Grandcourt—la Malmaison—Allondrelle—Nordspitze Bois la Roue vor. Am Bois du Charel und nördlich Epiez wurde schwacher Feind geworfen. Bei sinkender Sonne erstürmte Grenadier-Regiment 6 Epiez und Charency. Man stieß durch die Orte hindurch und bemächtigte sich der Höhen südwestlich von Vezin. Dorthin folgte sogleich eine Abteilung Feldartillerie-Regiments 20. Der Gegner zog sich eiligst auf Marville zurück. Die 20. Infanterie-Brigade biwakierte bei Urbulle-Ferme und am Bois la Roue, wohin nunmehr auch die Mörser gelangten.

Die Kämpfe im Zentrum.

Gefecht bei Longuyon.

Das Städtchen Longuyon, am Zusammenfluß von Chiers und Crusnes im tiefen Tal gelegen, war der Berührungspunkt der inneren Flügel der beiden in der Mitte angreifenden Armeekorps. Der frühe Tag entfesselte hier die Schlacht. Das Gelände südlich der Chiers gehörte hier zu einem französischen Schießplatz und war der feindlichen Artillerie in jeder Einzelheit bekannt. Der Gegner gedachte, die Enge von Longuyon mit mächtigem Feuer einzudecken, die schwachen Vortruppen bei Noërs mit überlegenen Kräften herunterzuwerfen und mit Hilfe der bewaffneten Einwohnerschaft, die aus verschlossenen Häusern schießen sollte, in dem zu erwartenden Chaos ein Blutbad anzurichten. Doch die Württemberger waren etwas früher. Die 51. Infanterie-Brigade erreichte, wenn auch bereits beschossen, die Höhen bei Noërs. Dort begann sie sofort sich einzugraben, um auf jeden Fall so lange standzuhalten, bis die 27. Infanterie-Division rechts von ihr eingreifen würde. In dieser Hoffnung und angesichts der Wichtigkeit des Überganges blieb bereits erwogenes Zurückgehen unausgeführt. Auch band die Brigade die treue Waffenbrüderschaft an die 11. Reserve-Division, die jeden Augenblick auf dem Südufer der Chiers zur Linken der Württemberger erscheinen mußte. Die Unruhe der Nacht hinter sich, vor sich den schweren Tag, sah die Brigade sich in bedenklicher Lage. Brückenkopfartig vorgeschoben lag ausgebreitet auf den flachen Höhen die Infanterie. Unmittelbar dahinter schaffte sich die Artillerie in Ermangelung rückwärtiger Stellungen in

Eile etwas Deckung. Während der Gegner zum Angriff schritt, rauschten über sie hinweg die Granaten, die der heranmarschierenden 11. Reserve-Division Uferwechsel und Aufstieg verwehren sollten.

Nur deren Vorposten (Seite 43) waren bisher erschienen. Die Bewegungen ihrer Truppen in die für weiteren Angriff befohlene Bereitstellung südlich Longuyon hatten kaum begonnen, als in der Stadt von allen Seiten aus Fenstern, Luken und Seitengassen mit einem Schlage ein lebhaftes Feuer eröffnet wurde. Manch wackerer Schwabe, der von den Schrecknissen in Longuyon nichts wußte, mochte sich unterdes auf den Höhen von Noërs von den Schlesiern im Stich gelassen glauben. Die rückwärtige Brigade v. Gallwitz wurde im Abstieg auf der einen 4 Kilometer langen Engpaß darstellenden Straße nordöstlich der Stadt mit heftigem und sehr wirksamem Artilleriefeuer überschüttet. General Surén befahl den Weitermarsch. Durch brennende Gassen, zwischen stürzenden Mauern, hinweg über gefallene Pferde, vorüber an zusammengeschossenen Fahrzeugen, im Feuer der Einwohner, ritt mit steinerner Ruhe der Divisionskommandeur. Die Truppe folgte. Die Verluste waren erheblich, die Schwierigkeiten groß, doch größer war der Wille, sie zu überwinden. Ein Regiment umging die Stadt im Osten, andere Teile zogen sich von der Hauptstraße seitlich herunter. Es gelang, gegen 8 Uhr vormittags die II. Abteilung Reserve-Feldartillerie-Regiments 11 am Ausgang nach Sorbey in Stellung zu bringen. Bald darauf trafen die vordersten Teile der Brigade Gallwitz ebendort ein.

Um diese Zeit hatten die Württemberger im Verein mit der Brigade von Götzen den feindlichen Angriff zum Stehen gebracht. Der Kampf aber dauerte an und die Verluste stiegen. Der Herzog von Urach traf am Nachmittag auf dem Gefechtsfeld seiner Division ein und blieb im schweren Feuer bei der Truppe. Um 6 Uhr abends begann der Feind, seine Stellungen zu räumen, vom Feuer der Deutschen verfolgt. Den Ereignissen auf den anderen Teilen des Kampffeldes schien diese Wendung zuzuschreiben zu sein.

Nicht nur hatte die 27. Infanterie-Division nach sorgfältigen Vorbereitungen am späten Nachmittag den Angriff im Abschnitt Villette—Colmey bis an die Chiers, mit Vortruppen über den Fluß hinaus vorgetragen und den Anschluß an die 26. Infanterie-Division hergestellt, einen noch wichtigeren Fortschritt hatte die 12. Reserve-Division am Crusnes-Bach bei Arrancy erzielt. Das hochgelegene, zur Verteidigung eingerichtete Dorf Arrancy bildete einen ausgezeichneten Stützpunkt, um den sich im Laufe des Vormittags erbitterte Kämpfe entwickelt hatten. Frontaler Angriff erwies sich als äußerst schwierig. Beuveille lag unter schwerem Feuer. Geschickt versteckte Batterien, darunter auch schwere Kaliber, erschwerten das Herankommen außerordentlich. Bedeutende Verluste traten ein. Der Angriff mußte umfassend von Nordwesten und Osten her vorbereitet werden. Die 22. Reserve-Brigade ging durch Pierrepont an die Nordhänge des Bergrückens vor, auf dem die Straße von Arrancy nach Han führt. Sie harrte dort unter schweren Verlusten, entwickelt und bereit des Zeichens zum Angriff. Lebhaftes Infanteriegefecht war gegen Bahndamm und Dorf im Gange. Ähnlich lagen Verbände der 23. Reserve-Brigade im hügeligen Gelände nordwestlich des Dorfes, nicht mehr ganze Regimenter, aber doch angriffsfrohe Gruppen, vereinigt unter der energischen Führung des Majors Tornow. Endlich übte das V. Reservekorps durch sein Vorgehen im Süden einen Druck auf den Verteidiger aus, der die Lage zugunsten der 12. Reserve-Division verschob. Als vom Bois de Scrupt her neu auftauchende Batterien des V. Reservekorps das Dorf flankierend mit Feuer belegten, begann der Gegner zu weichen. Das war das Zeichen. Fast gleichzeitig erreichten die von beiden Seiten Heranstürmenden das Dorf. Der gegnerische Rückzug wurde zum Zusammenbruch. Wer dem verfolgenden Feuer der südlichen Gruppe zu entrinnen hoffte, geriet in das der nördlichen. Die Straße von Pillon bedeckte sich mit Leichen. Im Hohlweg hart westlich Arrancy lagen sie zu Hauf. Bald nach der stürmenden Infanterie erschien, wie vorgestern im Wald von Lauromont, General von Goßler im Dorf, gegrüßt mit stürmischem Hurra. Er ritt auf die Höhen jenseits des Dorfes, ordnete ihre Besetzung an und sandte Sicherungen durch den Wald von Belchêne. Oberst Cramer von der 11. Reserve-Division hatte mit 6 Kompagnien Freiwilliger noch nach dem Gefecht von Noërs unterstützend in den Kampf um Arrancy eingreifen wollen. Das war nun nicht mehr nötig. Hier wie dort wich der geschlagene Feind.

Die Kämpfe auf dem Südflügel.
V. Reserve-Korps.

Der Vorstoß des Südflügels sollte die Vernichtung des geschlagenen Feindes vor der Stromschranke der Maas vollenden.

Das V. Reservekorps (Skizze 11) stellte sich mit 10. Reserve-Division bei Han zum Angriff bereit, überschritt mit 9. Reserve-Division die Pierre zwischen Mercy-le Bas und St. Supplet und griff, ausgehend von den Höhen beiderseits Bois de Serupt und westlich St. Supplet die Bahnlinie von Bois Deffoy bis östlich Nouillon-Pont an. Zwei Kompagnien des Reserve-Infanterie-Regiments 19, die sich in schneidigem Draufgehen des Gehölzes bei Remémoncourt bemächtigt hatten, wurden hier von überlegenen Kräften angegriffen. Sie erlitten schwere Verluste. Hauptmann v. Rudorff fiel, Hauptmann v. Klitzing wurde schwer verwundet. Die Krise wurde vom Kommandeur, Prinz Reuß, beobachtet und durch Entsendung von Verstärkungen behoben. Zugleich hatte auch der Divisionskommandeur, General v. Guretzky, mit Schützen des Reserve-Jäger-Bataillons 5, persönlich sich am Kampf beteiligend, die Lage wiederhergestellt. Nach heftigem Gefecht überschritt gegen Abend der Angriff beider Divisionen siegreich die tiefeingeschnittene Bahnlinie. Kein Feind blieb diesseits der großen Straße Longuyon—Spincourt. Aus den Wipfeln des Bois Deffoy wurden seine letzten Baumschützen einzeln heruntergeholt. Bei voller Dunkelheit endete das Gefecht. Durst machte sich quälend bemerkbar, der Wassermangel war empfindlich. Auf das wenige, das vorgefunden wurde, verzichteten die Gesunden zugunsten der Verwundeten, die im Gehöft Reménoncourt, einem jammervollen Quartier, zusammengetragen wurden.

Das XVI. Armeekorps (Skizze 12) griff mit seinen beiden aktiven Divisionen in der Front an und setzte den Stoß der Landwehr und der 33. Reserve-Division [nachher „Korps Oven"] aus der Linie Affléville—Lanhères in der entscheidenden Richtung auf Eton—Amel an. Die Kavallerie hatte unter allen Umständen die linke Flanke dieser Gruppe zu sichern.

Aus dem Walde le Rachouz, der widerhallte vom Artschlag unermüdlicher Pioniere, die hier Angriffswege schufen, brach die 34. Infanterie-Division mit der 68. Brigade, südlich davon mit der 86. Brigade vor. Beiderseits Bouvigny vorbei schritt die 33. Infanterie-Division zum Angriff. Die Artillerie stand sorgfältiger als bisher im Gelände verborgen und durch rasch aufgeworfene Erddeckungen geschützt. Sie eröffnete das Feuer mehrere Stunden vor dem Infanterieangriff. Der Feind erwiderte, doch traf er nichts, da er die Batterien nicht ausfindig zu machen vermochte. Um so wirkungsvoller allerdings schlug sein Feuer in die Reihen der Infanterie, als diese um 12.45 Uhr mittags den Angriff begann. Einige Zeit verging, bis die meist erst jetzt auftretenden Batterien ausgemacht waren. Dann wurden sie vom zusammengefaßten Feuer der unsrigen wenigstens teilweise, so nördlich Gouraincourt, zum Schweigen gebracht. An Opfermut wetteiferte die Artillerie mit der Infanterie. Von schweren Verlusten wurde die I. Abteilung Feldartillerie-Regiments 33 betroffen, als sie dringenden Bitten der Infanterie zufolge deren Vorgehen aus offener Feuerstellung unterstützte. Am Bois Reverdel hatten die 67er einen starken französischen Angriff abzuwehren. Da führte Oberstleutnant Isbert 3 Batterien seines 69. Artillerie-Regiments in offene Stellung vor und brachte den feindlichen Stoß zum Scheitern. Der eigene Angriff schritt unaufhaltsam fort. Wiecourt-Ferme wurde hartnäckig von den französischen 20. Jägern verteidigt. Ihre Maschinengewehre hämmerten bis zum letzten Augenblick. Die

10. Kompagnie des Königs-Infanterie-Regiments 145 erstürmt das Gehöft, unterstützt von den 67ern. Die 68. Infanteriebrigade erreichte die Bahnlinie zu eben dem Zeitpunkte, wie weiter nördlich lange Schützenlinien der 9. Reserve-Division. Fortgesetzter Druck auf Nouillon-Pont rief einen französischen Entlastungsvorstoß aus Richtung Spincourt hervor. Erneut brachte Oberstleutnant Isbert hiergegen die ersten Batterien, deren er habhaft werden konnte, diesmal solche vom Reserve-Feldartillerie-Regiment 9, auf schnellstem Wege zu günstigster Wirkung. Die Regimenter 173 und 145 brachten den Angriff zum Scheitern. Dem weichenden Gegner folgend, stürmte um 8³⁰ abends die 86. Brigade unter erheblichen Verlusten die Höhen östlich Spincourt. Noch eine Stunde später führte General von Estorff seine Brigade, die Kommandeure ihre Regimenter, persönlich zum Sturm auf Nouillon-Pont vor. Der Gegner wurde hinausgeworfen, auch Duzey wurde genommen. General von Heinemann hatte mit seiner Division das Ziel des Tages erreicht. In gleicher Lage war, am späten Abend, die 33. Infanterie-Division. Gegen 5⁰ nachmittags hatte sich das Vorgehen der Landwehr aus Richtung Gondrecourt fühlbar gemacht. Hierdurch entlastet, konnte die 67. Infanterie-Brigade vor Dunkelheit den Othain nördlich Domrémy überschreiten. Später gewann die 66. Infanterie-Brigade Fluß und Bahnlinie westlich des vom Feinde gesäuberten Dorfes Houdelaucourt. Die Dunkelheit brachte das Gefecht zu Ende. Der Gegner lag hier in vorbereiteten Gräben auf nahe Entfernung gegenüber.

Kämpfe des Korps Oven. (Skizze 2 und 13.) Die drei Landwehrbrigaden (9. bayr. 13. und 53.) des Generalleutnants Franke waren gegen Mittag aus ihrem Nachtquartier Briey in ermüdendem Marsch über Fléville, wo sie durch Kreuzung mit den südwärts reitenden Schwadronen der Kavallerie-Division Schmettow erheblich aufgehalten wurden, herangekommen und bei Gondrecourt auf den Feind gestoßen. Von diesem Dorf bis Rouvres reichten die Linien des Gegners. Die Landwehr entwickelte sich beiderseits der

Straße von Gondrecourt zum Angriff, den ihre Artillerie wirksam vorbereitete. Der Feind wich ohne Kampf und wurde von den nunmehr an beiden Ufern des Othains vorgehenden Schützen verfolgt. Ernsthafter wurde jedoch sein Widerstand östlich Eton. Hier kam es zu heftigem Kampf. Rechts die Magdeburger, in der Mitte die Württemberger, links die Bayern, so griffen die drei Brigaden nebeneinander die kahlen Höhen an. Schwer drückten Gepäck und Waffen die solcher Anstrengungen längst entwöhnten Landwehrmänner. Bergauf und bergab führte der Weg zum Ziel, durch dichten Wald die einen, durch sumpfige Wiesen die anderen; Drahtzäune wollten durchschnitten sein, Bachläufe wurden bedächtig durchwatet von den Alten, im Sprung von den Jungen genommen. Brach auch manch einer unverwundet und doch todesmatt zusammen, im ganzen siegte der Wille. Unter Verlusten wurde um 6° abends die feindliche Stellung erobert. So half die Landwehr den Aktiven nördlich Domrémy. Doch noch war nicht genug geschehen. Auch Eton mußte noch fallen. Wie eine Burg verteidigten es die Franzosen. Mühsam rang man sich heran. Im deckungslosen Gelände mehrten sich die Verluste. Das äußerste wurde daran gesetzt, das längst in Brand geschossene Dorf zu nehmen. Auch hier brachte erst die volle Dunkelheit den letzten Erfolg. Um 8^{15} abends war das Ziel erreicht, das Dorf in deutschen Händen. 5 Geschütze waren von der württembergischen Brigade genommen. 53 Offiziere und über 800 Landwehrleute lagen tot und verwundet auf dem tief ausgedehnten Gefechtsfelde, unter den Gefallenen der Kommandeur des Landwehr-Infanterie-Regiments Nr. 27, Oberstleutnant von Reichenbach. In den Feldern um Eton fand die erschöpfte Truppe einige Stunden der Ruhe.

Noch schwerere Kämpfe harrten der 33. Reserve-Division. Generalleutnant Bausch vereinigte unter seinem Befehl die 66. Reserve-Infanterie-Brigade, das „Regiment Metz", aus überzählig einberufenen Reservisten in Metz zusammengestellt, und die aktive 8. bayerische Brigade. Dazu kam das 2. bayerische Reserve-Fußartillerie-Regiment, an Feldartillerie die

Ersatzabteilungen des XVI. Armeekorps, mehrere Festungsmaschinengewehrabteilungen und die 2. Reserve-Husaren. Ein beschwerlicher Marsch lag hinter der 66. Reserve-Brigade, als sie kurz vor 1° mittags aus der Linie Bechamp-Aucourt gegen Wald und Dorf von Rouvres ins Gefecht trat. Aus Schützennestern, die jeweils mit 4 bis 10 Mann besetzt waren, verteidigte der Franzose den Wald mit der in dieser Kampfesart an ihm bekannten Zähigkeit. Mit Erbitterung wurde auch im Dorf gerungen. Stunde um Stunde verging. Lodernder Brand legte Rouvres in Schutt und Asche. Die 8. bayerische Brigade war zuerst links rückwärts gestaffelt gefolgt. Nicht ohne Besorgnis sah man nach Südwesten. Um 2° nachmittags ging die Brigade, das Bois de Tilly als Ziel, gegen den Feind zwischen Rouvres und Etain angriffsweise vor. Die schwach besetzte Rosa Ferme und einige flache Höhen wurden leicht genommen.

Es war 3° nachmittags vorüber. Aus der Richtung von Verdun sandte die Sonne grelles Licht auf das Schlachtfeld, als, in breiter Front entwickelt, feindliche Infanterie gegen den Ornes-Abschnitt bei Etain und Warcq vorging. Die Bayern drehten die Front nach Südwesten ein. Das 8. Regiment erhielt Befehl, den linken Flügel der Brigade zu stützen, das 4. wendete sich gegen Etain. Die Artillerie faßte den Gegner, wie er von den Höhen bei Warcq herabstieg.

Um 6° nachmittags war das Bild verändert. Der Waldkampf war nach fast sechsstündiger Dauer zu Ende geführt. Mit blanker Waffe über die flüchtig aufgeworfenen Gräben der Verteidiger von Stützpunkt zu Stützpunkt stürmend, nahm die 66. Reserve-Brigade die brennenden Gehöfte Plaisance, Sébastopol und Longeau. An der Spitze seines 167er Bataillons fiel Major von Strotha. Im Wald von Tilly erkannte das III. Bataillon Reserve-Infanterie-Regiments 130 feindliche Infanterie, die schon bis dorthin aus Richtung Etain vorgekommen war. Sofort schwenkte Major Schotte mit dem Bataillon links und ging zum Angriff vor. Schwer verwundet sank er nieder. Hauptmann von Alemann fiel vor seiner 11. Kompagnie. Aber der Geist solcher Führer lebte auch in der Truppe.

Sie warfen den Feind zum Wald hinaus und hielten nun seinen Südrand, wo sie in Fühlung mit den 4. Bayern kamen. Die anderen Teile der Brigade hatten die Höhen von Amel erreicht. Sie wußten nichts von dem Kampf der Bayern. Nur war in ihren Biwaks der Gefechtslärm aus der Gegend von Etain bis in die späte Nacht hinein hörbar.

Bei der 8. bayerischen Infanterie-Brigade hatte sich seit 6⁰ die Vermutung, der Feind plane umfassenden Angriff des linken Flügels, zur Überzeugung verdichtet. Der Gegner reichte jetzt bereits bis Gussainville, war zahlenmäßig überlegen und von starker Artillerie, auch schwerer, unterstützt. Trotzdem erklärte das 8. Regiment, daß es jeden Angriff abweisen werde. Um 7⁰ abends wurde der Stand des Gefechtes als günstig bezeichnet, doch währte der Kampf in gleicher Heftigkeit bis zum späten Abend. Vorübergehend griff die Kavallerie-Division Schmettow ein. Die 5. Jäger beteiligten sich am Gefecht gegen Warcq; Reiter brachten den Schützen beträchtliche Munitionsvorräte in die Stellung. Trotz steigender Verluste war man sicher, sich zu halten, sofern der linke Flügel nicht umgangen wurde. Zur Nacht ging die 6. Kavallerie-Division bei Mouaville ins Biwak. Der Führer der bayerischen Brigade, General Riedl, hatte, als die Nacht anbrach, den Eindruck, daß er den Angriff des überlegenen Gegners zurückgewiesen und jetzt nur noch schwache Kräfte gegenüber habe. Sicher war, daß er den linken Flügel gehalten und dadurch anderen Teilen der Division ermöglicht hatte, mit Nachdruck in die Hauptentscheidung einzugreifen. Seiner schwierigen Lage Rechnung tragend, hatte die Führung die 43. und 45. Landwehr-Brigade bei Nacht von Landres nach Bechamp in Marsch gesetzt. Auch das Generalkommando des XVI. Armeekorps hatte am Abend noch die Hoffnung, den Gegner auf dem linken Flügel, der für schwach gehalten wurde, aufhalten und am 25. August den entscheidenden Angriff nach Nordwesten fortsetzen zu können.

Unter demselben Eindruck betrachtete auch das O b e r k o m m a n d o am Abend bei Ausgabe des Befehls für den 25. August die Lage. Es wurde Fortsetzung des Angriffes angeordnet. Der Nordflügel sollte über Marville auf Delut, das Zentrum über die Linie Petit Xivry—Noërs—Arrancy vorgehen. Das V. Reservekorps, mit vorgenommener linker Schulter, wurde im stumpfen Winkel zur Front des Zentrums gegen die Straße Longuyon—Spincourt, linker Flügel auf Rouvrois, angesetzt. Das XVI. Armeekorps sollte über die Linie Nouillon-Pont—Spincourt erneut angreifen und mit starkem linken Flügel über Billy den Abschnitt Pillon—Mangiennes erreichen. Korps Oven sollte den ihm gegenüberstehenden Feind werfen und dem XVI. Armeekorps Flanke und Rücken gegen Verdun sichern.

Der 25. August.

Die Fortsetzung der Kämpfe auf dem Südflügel.

Bei erstem Tagesgrauen bestiegen 2 Generalstabsoffiziere des Generalkommandos XVI. Armeekorps in Tivry-Circourt den Kraftwagen, um das Bild der Lage, wie es aus hundert Meldungen auf den Karten entstanden war, im freien Felde durch Augenschein zu überprüfen. Über Fléville und Rouvres ging die Fahrt in die Gegend zwischen Amel und Eton, wo General v. Oven an der Straße hielt. Von ihm erfuhr man, daß die 33. Reserve-Division 6 Uhr morgens aus den Wäldern westlich Senon und Amel mit heftigem Angriff angefallen und festgehalten war und sich am Vorgehen daher zunächst nicht beteiligen konnte. General Franke war mit der 9. bayer., 13. und 53. Landwehrbrigade, die am 24. August abends Eton genommen hatten, im Vormarsch auf Gouraincourt. Die Generalstabsoffiziere fuhren nach Rouvres zurück. Heftiger Kampf war bei den Bayern im Gange, doch stand er günstig. Die 45. Landwehrbrigade hatte unterstützend in den Kampf des 8. Regimentes eingegriffen; die 43. war beiderseits Aucourt zum Angriff gegen Buzy geschritten. Der Feind war ziemlich regellos über die Orne zurückgewichen. Man war entschlossen, die gewonnenen Stellungen zu halten und nicht über die Orne zu folgen. Weiter raste das Auto zum Kommando des Kavallerie-Korps in Mouaville. Südlich von Mouaville und Bechamp lag ein Bataillon Bayern im Gefecht mit der Front nach Süden. Es war das I. Bataillon des 4. bayerischen Infanterie-Regiments, das von General v. Hollen hier angehalten und eingesetzt wurde. Bei

Thumeréville stand die 6. Kavallerie-Division. Auch dort war heftiges Feuer aus südlicher Richtung vernehmbar. Das Höhere Kavallerie-Kommando 4 hatte den Eindruck, daß etwa ein Armeekorps in mehreren Kolonnen von Süden her gegen die Orne bei Jeandelize, Olley und St. Jean vormarschiert war. Es war klar, die Krise des Tages war gekommen. Die Generalstabsoffiziere fuhren zurück nach Xivry zum Generalkommando. Sie fanden die Straßen verstopft von Bagagen, die schon nach Osten und Norden in Abmarsch begriffen waren, um dem Stoß auszuweichen, der sich eben im Süden ankündigte.

Die Nachrichten stellten General von Mudra vor einen schwerwiegenden Entschluß, denn der Stoß des Feindes mußte unter allen Umständen pariert werden. Zunächst wurden jedoch weitere Nachrichten über den Stand des Gefechtes bei den eigenen Divisionen (33. und 34. Infanterie-Division) eingeholt.

Diese waren durch die für den frühen Morgen befohlene Fortsetzung der Verfolgung in heftige Kämpfe verwickelt worden. (Skizze 12.) Die Höhen südlich Spincourt und Dorf Vaudoncourt wurden von der 33. Infanterie-Division genommen, doch sperrte der Feind die Straße nach Billy durch hartnäckige Verteidigung der sie beiderseits flankierenden Waldstücke von Tremblois und Muzeray.

Die 34. Infanterie-Division hatte nach heftigen Kämpfen in dem glacisartigen Gelände östlich des Waldes von Wapremont die feindlichen Nachhuten auf ihre Hauptstellung am Ostrand dieses Holzes zurückgeworfen. Als nun südlich davon der Gegner unter der vorzüglichen Wirkung der Artillerie zu weichen begann, schließlich in Auflösung floh, eröffnete sich die Aussicht, mit der Besitznahme des Waldes von Wapremont und des Dorfes Billy den Loison-Abschnitt und die befohlene Linie Mangiennes—Pillon zu erreichen. Weiterem Vordringen schleuderte der Feind jedoch ein verheerendes Artilleriefeuer entgegen. Auch wurde starke Infanterie im Vormarsche aus Romagne und Azannes gemeldet. Die Verfolgung mußte zunächst abgebrochen werden. Die 33. Infanterie-Division hielt das Gelände zwischen Bois de Tremblois und Vaudoncourt und bemächtigte sich des Dorfes Muzeray, die 34. Infanterie-Division befahl um 10 Uhr vormittags, daß nunmehr bis zum Westrande des Waldes von Wapremont durchgestoßen werden müsse. Während die 86. Infanterie-Brigade zu diesem Zweck zwischen Moulin de Marcamé und Rampont-Ferme bereitgestellt wurde, kämpfte die 68. Brigade mit Teilen schon im Walde selbst. Insbesondere hatte das III. Bataillon 145 in selbständigem Entschluß die Südostecke des Waldes (Punkt 244) mit den dortigen feindlichen Schützengräben erstürmt.

Der hier vorbereitete Stoß sollte nicht zur Ausführung kommen. Dem um 11 Uhr vormittags eintreffenden Befehl des Generalkommandos: Nicht weiter vor!, folgte kurz nach 12 Uhr mittags der weitere, daß die 34. Infanterie-Division aus der Front herausgezogen werden sollte.

Schwer hatte sich General von Mudra diesen Entschluß abgerungen. Die über die Lage des Korps Oven eingetroffenen bedrohlichen Nachrichten hatten ihn jedoch dazu gezwungen. Schon bald nach 8 Uhr vormittags war eine Fliegermeldung eingegangen, nach der starke feindliche Kräfte in Gegend südlich Etain versammelt seien. Dem Korps Oven war darauf befohlen worden, die Landwehr-Brigaden des Generalleutnants Franke aus der Front zu ziehen und sie auf dem linken Flügel gegen die neu aufgetretenen feindlichen Kräfte einzusetzen. Auch bei Romagne und Azannes waren kurz danach stärkere feindliche Kräfte gemeldet worden, so daß das Generalkommando mit bevorstehenden heftigen Angriffen gegen die Front der 34. und 33. Infanterie-Division rechnete. Die 33. Reserve-Division war von starkem Gegner in Gegend Senon—Amel angegriffen und hatte das Vorgehen nach Norden einstellen müssen. Auf dem südlichen Flügel standen bei Rouvres und in der Linie Lanhères—Mouaville die Bayern, die 45. und 43. Landwehr-Brigade sowie Teile der 6. Kavallerie-Division in schwerem Kampfe. Da traf um 12 Uhr mittags die Meldung ein, daß starke feindliche Kräfte von Boncourt (2 km westlich Conflans), Jeandelize und Ollen nach Norden und Nordwesten vorgingen, daß die Höhen bei Rouvres zwar noch gehalten würden, die

43. Landwehr-Brigade jedoch wegen Mangel an Artillerie-Unterstützung in nördlicher Richtung zurückgegangen sei.

Auf Grund dieser Lage mußte der kommandierende General seinen Entschluß fassen. Der feindliche Angriff aus südlicher und südwestlicher Richtung hatte die offene Flanke des Korps getroffen und seine Wirkung auf die mit Kolonnen belegten Nachschubstraßen hatte sich sofort sehr unangenehm fühlbar gemacht. Handelte es sich nur um einen mit schnell zusammengerafften Kräften geführten Vorstoß mit dem Zweck, den französischen Südflügel der Umklammerung durch die Deutschen zu entziehen, so hätten wohl die dort eingesetzten Kräfte im Stande sein müssen, ihn abzuwehren. Hatte aber der Gegner starke frische Kräfte zur Verfügung, so war nicht nur das XVI. Armeekorps, sondern die ganze Armee sehr gefährdet. Denn dann konnte der Armee das Schicksal bereitet werden, das der Armeeführer den Franzosen östlich der Maas bereiten wollte: sie konnte umfaßt und vernichtet werden. Daß dies die Absicht der feindlichen Führung war, nahm General von Mudra nach den vorliegenden Nachrichten an: Flieger und Kavallerie hatten den Anmarsch starker feindlicher Kräfte gemeldet, die 43. und 45. Landwehr-Brigade hatten den Feind nicht aufhalten können, und während der Gegner Gelände nach Norden gewann, dehnte sich sein Angriff auch nach Osten immer weiter aus.

Um der drohenden Umfassung zu begegnen, mußten zunächst möglichst starke Kräfte zur Verfügung des Generalkommandos aus der Front gezogen werden, sodann mußte das im weiten Bogen stehende Korps Oven vom Feinde gelöst und in eine kürzere, taktisch günstigere Linie zurückgenommen werden. War schon um Stunden früher General Franke zurückgezogen worden, um auf der bedrohten Front eingesetzt zu werden, so sollte jetzt auch noch eine der aktiven Divisionen freigemacht werden. Die Frage, ob dies der taktischen Lage nach überhaupt möglich sei, bejahte der erkundende Generalstabsoffizier, stand doch die 34. Infanterie-Division ziemlich massiert westlich und südwestlich Nouillon-Pont. In diese Erwägung hinein schlug wie eine Bombe eine Botschaft vom Oberkommando, wonach der Angriff auf der ganzen Front zusammenbreche. Dies wirkte wesentlich auf die Entschlüsse beim Generalkommando ein.

Zwischen 12 und 1 Uhr mittags ergingen die erforderlichen Befehle. Die 34. Infanterie-Division sollte, unter Zurücklassung einer Nachhut bei Duzey, über Réchicourt in die Gegend von Avillers und Landres marschieren und den Schutz der linken Flanke der 33. Infanterie-Division übernehmen. Diese sollte ihre Stellungen halten und möglichst erst bei Dunkelheit auf das östliche Othainufer zurückgehen. Das Korps Oven sollte, falls ein Rückzug erforderlich würde, die bei Senon-Amel kämpfenden Teile in Linie Houdelaucourt—Avillers zurückführen und dort Anschluß links an die 34. Infanterie-Division gewinnen; die südlich Rouvres fechtenden Truppen sollten in Linie Landres—Mairy zurückgehen, während alle übrigen Teile auf Briey ausweichen sollten.

Der Abmarsch der 34. Infanterie-Division in Stellungen bei Domprix, Front nach Süden war längst im Flusse, als man erkannte, daß jene Botschaft vom Oberkommando falsch, vielmehr gemeint gewesen sei, der französische Widerstand breche auf der ganzen Front zusammen. Es blieb aber nun bei dem einmal Befohlenen, auch als man inne ward, daß der Gegner von Süden her nicht nachdrängte, lebte man doch der Erwartung, daß er seine Angriffe dort wieder aufnehmen werde. Das Herausziehen der Division erfolgte ohne Störung, da der Kampf im Laufe des Nachmittags an der ganzen Westfront des Korps einschlief.

Um 3.30 Uhr nachmittags erhielten die bei Rouvres unerschüttert ausharrenden Bayern den Befehl zum Rückzug. Die Unverwüstlichen hatten Sicherungen bis an die Orne vorgeschoben und, als die völlig erschöpfte 43. Landwehr-Brigade unter dem feindlichen Artilleriefeuer zu weichen begann, sich selbst einen neuen Flankenschutz geschaffen, indem sie die Höhen von Aucourt räumten und eine Flügelstaffel beiderseits von Lanhères bildeten. Von dort bis zu den Steinbrüchen von Béhaut an der Straße von Rouvres nach Etain erstreckte sich aber jetzt die Riesenfront der 5 Bataillone; denn auch die Kräfte der

45. Landwehr-Brigade waren restlos verbraucht. Die Ablösung vom Feinde konnte nunmehr jedoch ohne erhebliche Verluste erfolgen, da alle feindlichen Angriffe an der Front der tapferen Bayern zerschellt waren.

Die Landwehr-Brigaden des Generals Franke, die am Morgen in Gegend Gouraincourt angehalten waren, wurden nicht mehr, wie zuerst beabsichtigt, auf dem linken Flügel eingesetzt, sondern marschierten nach Nordosten ab und standen am Abend bei Haucourt, Avillers und Landres.

Die 33. Infanterie-Division, durch den Rückzug der Landwehr links, durch den Abmarsch der 34. Infanterie-Division rechts der Anlehnung beraubt, stand nunmehr ziemlich vereinsamt. Sie erhielt die Weisung, vor überlegenem Angriff auf die Linie Spincourt—Gouraincourt oder, wenn nötig, auf die Höhen südlich Réchicourt zurückzugehen. Da der Feind nicht angriff, führte sie den Rückmarsch erst bei Dunkelheit aus. Vortruppen verblieben westlich des Othain, die Masse rückte, neuem Befehl entsprechend, in die Linie Wiecourt-Ferme—Bois Rachoux—Réchicourt.

Damit war eine Verteidigungsflanke nach Süden gebildet, die von Wiecourt Ferme über Avillers—Dompriz—Landres bis Mairy reichte, und deren Befestigung sofort in Angriff genommen wurde. Durch die schwierigen Rückzugsbewegungen trat stellenweise starke Unordnung unter den Truppen ein. Besonders vermischten sich die auf Houdelaucourt—Avillers zurückgegangenen Teile des Korps Oven mit Teilen der 34. Infanterie-Division. Das Generalkommando ordnete daher an, daß die zwischen Houdelaucourt und Avillers lagernden Teile des Korps Oven am nächsten Morgen noch in der Dunkelheit über Dompriz durchgezogen werden sollten, und daß das Korps Oven sich am 26. August in Linie Landres—Mairy neu ordnen sollte.

Auch bei den Kolonnen war starke Unordnung eingetreten, die durch wilde Gerüchte und stellenweise einreißende Panik noch verschlimmert wurde. Der helle Tag war notwendig, um hier die Ordnung wieder herzustellen.

Der Gegner folgte nicht. War es das Ziel dieses Vorstoßes gewesen, seine westwärts weichende Hauptfront zu entlasten, so konnte er es als erreicht betrachten. Hatte er Größeres im Sinne gehabt, so war es, außer durch die glänzende Haltung der 8. bayerischen Brigade bei Rouvres, durch die Maßnahmen des stellvertretenden Gouverneurs von Metz, General der Artillerie Pelkmann, im Keime erstickt worden. Dieser hatte am 25. auf die Nachrichten hin, daß starke feindliche Kräfte über Hannonville und Dampierre (südlich Jeandélize) nach Norden vormarschierten und so den linken Flügel des Korps Oven bedrohten, sofort alle verfügbaren Teile der Landwehr-Regimenter 25, 65, 66 und starke Artillerie in Richtung Conflans zusammengezogen und diesen Ort und die Höhen südwestlich nach leichtem Kampf nachmittags in Besitz genommen. In der Festung war nur die notwendigste Sicherheitsbesatzung verblieben. Durch diesen energischen Vorstoß aus der Festung mag der Vormarsch des Feindes zum Stehen gekommen sein, zumal die Franzosen die Schwäche dieser Truppen nicht erkennen konnten und durch das in demonstrativer Absicht abgegebene lebhafte Artilleriefeuer der Deutschen getäuscht wurden. Jedenfalls aber hat der feindliche Vorstoß nicht nur die Verfolgung durch die Kräfte des Generals v. Mudra zum Stehen gebracht, sondern einen noch weiter reichenden, den Angriff der fünften Armee hemmenden Einfluß ausgeübt. Die geschlagenen französischen Hauptkräfte konnten sich dadurch der von Norden und Süden vorwärts der Maas drohenden Umklammerung entziehen. Hier hat sich die Festung Verdun, unter deren Schutz das Heranbringen so starker Kräfte möglich gewesen war, zum ersten Male bedeutsam zur Geltung gebracht.

Das V. Reservekorps war morgens, seinem Angriffsbefehl entsprechend vorgegangen, um den Feind nicht über die Maas entkommen zu lassen. Der Gegner vor ihm war nachts im Wald von Warpremont verschwunden. Er verteidigte zunächst dessen Ostrand, zu dem das Gelände vom Fluß her gleichmäßig ansteigt, ohne einem Angreifer auch nur die geringste Deckung zu bieten. Beide Divisionen des Korps hatten bald die große Straße nördlich und südlich Rouvrois erreicht. Angriffsstreifen wurden den Brigaden zugewiesen, und unter dem Schutze der ersten Artilleriewirkung wurden leichte Schützenschleier vorgeschoben. Handeville-Ferme wurde nach Gefecht genommen, 4 Geschütze fielen im Waldrand den vordersten Kompagnien des Reserveregiments 7 in die Hände. Doch war ein schnelles Folgen wegen des eigenen Artilleriefeuers noch nicht möglich. Gegen Mittag bereiteten die Nachrichten vom XVI. Armeekorps dem sorgfältig sich entwickelnden Angriff ein vorzeitiges Ende. Die 33. Infanterie-Division hatte sich genötigt gesehen, nach dem Abrücken der 34. Infanterie-Division das Nachbarkorps vor weiterem Vorgehen zu warnen, da keine Unterstützung mehr geleistet werden konnte. So wurde die Fortsetzung des Angriffs aufgegeben. Um 2 Uhr nachmittags verstummte das Gefecht, während die feindlichen Kolonnen im Walde von Mangiennes verschwanden. Es war nunmehr die Aufgabe des V. Reservekorps, die Othain-Linie vom Bois de Belchêne bis Nouillon-Pont zu halten. Im Lauf des Abends wurde eine Armeereserve von 3 Bataillonen, 1 Schwadron und 3 Batterien nach dem Bois Reverdel ausgeschieden. Vortruppen blieben, anschließend an die des XVI. Armeekorps, westlich des Othain. Das übrige marschierte zurück, packte den verhaßten Spaten aus und schuf damit eine Verteidigungsstellung, die die Höhen zwischen Rouvrois und dem Südrand des Bois Reverdel umschloß und eine Stütze für den rechten Flügel der neuen Stellungen des Generals v. Mudra bildete.

Die Kämpfe im Zentrum.

Im Zentrum der Armee wurde der hemmende Einfluß von Süden her beim VI. Reservekorps um etwa 1½ Stunden später als beim V. Reservekorps fühlbar. Die 12. Reserve-Division hatte am frühen Morgen in flottem Vorgehen in Fühlung mit der rechten Division des V. Reservekorps die Straße Longuyon—Spincourt überschritten, des Gegners schwache Nachhut aus dem Walde von Belchêne geworfen und um 10 Uhr vormittags dessen Westrand erreicht. Die 11. Reserve-Division war rechts davon gleichzeitig vorgegangen und hatte das Höhengelände nördlich der Linie St. Laurent—Sorbey in Besitz genommen. Um 2.15 Uhr nachmittags noch wurde der Befehl zu weiterem Angriff gegeben, doch eine Stunde später wurde alles angehalten. Das V. Reservekorps hatte den beabsichtigten Angriff aufgegeben. So verzichtete auch das VI. Reservekorps und hielt nun den Othain-Abschnitt anschließend an das V. Reservekorps bis St. Laurent. Der Feind hatte das jenseitige Ufer geräumt und war nach Süden abgezogen. Nur Vortruppen folgten ihm über den Bach. Die Führung hatte an diesem Tage wegen des großen Mangels an Offizieren mit bedeutenden Schwierigkeiten zu kämpfen.

Heftiger waren die Kämpfe bei den rechts anschließenden **Württembergern**. Auch dieses Korps brach nach ruhiger Nacht auf, um den „zertrümmerten Gegner anzupacken", wo er noch standhalten sollte. Während die 26. Infanterie-Division, die am 22. schwer gelitten hatte, die Korpsreserve bildete, fiel heute die Hauptaufgabe der 27. Infanterie-Division zu. In 2 großen Gruppen fuhr die gesamte Artillerie des Korps südlich der Chiers auf. Als der deckende Nebel sich verflüchtigte, begann die Artillerieschlacht. Mit schwieriger Linksschwenkung drehte die 27. Infanterie-Division ganz exerziermäßig in ihren Angriffsstreifen ein, der die beiden Dörfer Petit Failly und Grand Failly umfaßte. (Skizze 14.) Im Verein mit dem nördlich angreifenden V. Armeekorps wurde der Kampf gegen feindliche Batterien südlich Marville zu unseren Gunsten entschieden. Der Angriff schritt fort. Der Bachabschnitt, der Wald von Gr. Failly wurden genommen. Kein Feind war mehr diesseits der Loison, deren sumpfige Niederung am Nachmittage die vordersten Schützenlinien von den Stellungen des Feindes trennte, die nunmehr an den Höhen und Waldrändern südwestlich von Dombras erkennbar wurden. Auf weitere Verfolgung mußte verzichtet werden. Stellenweise waren erhebliche Verluste eingetreten. Im Artilleriekampf war die I. Abteilung des Feldartillerie-Regiments 13, um zu bester

Wirkung zu gelangen, ohne Rücksicht auf das heftige feindliche Feuer auf dem Vorderhang der Höhe 306, 2 Kilometer östlich Gr. Failly, in Stellung gegangen und hatte schwer gelitten. Hinter Sicherungen ging die Truppe gegen 5 Uhr nachmittags zur Ruhe über.

Der nördliche Flügel.

Erfolgreiche Kämpfe, nicht aber die erhoffte Verfolgung großen Stils waren auch dem V. Armeekorps beschieden. Mit großer Sicherheit hatte ein Erkundungsflug des Leutnants Deunert die Stellungen der feindlichen Artillerie südlich Marville festgestellt. Auf seine Meldung hin konnte gegen sie neben anderer Artillerie auch das Mörser-Regiment 6 eingesetzt werden, das am Abend vorher mit so schwerer Mühe bis zum Bois la Roue gelangt war. Um 7 Uhr vormittags machte sich auch bereits die Unterstützung durch die Artillerie des XIII. Armeekorps bemerkbar. Der Feind wurde vollständig niedergehalten. Der Angriffsstreifen der 10. Infanterie-Division führte über Higny-Ferme auf das hochgelegene Städtchen Marville; die 9. Infanterie-Division wurde gegen 10 Uhr vormittags durch das Bois de Lagrange vorgezogen und von ihrem Kommandeur zur Schließung der Lücke zwischen 10. und 27. Infanterie-Division in einem Gefechtsstreifen zum Angriff angesetzt, der zwischen Villers-le-Rond—Marville und dem Bois de Lagrange—Petit Failly, letzteres ausschließlich, lag. Langsam ging es vorwärts. Bei geringen Verlusten machten sich Ermüdung und Wassermangel quälend bemerkbar. Der Feind jedoch vermochte nicht standzuhalten. Ins Mauerwerk der steil aufragenden Gärten und Höfe von Marville zeichneten deutsche Maschinengewehre ihre tödlichen Wellenlinien, in den Lärm der Artillerieschlacht mischten sich hier noch nie erlebte Töne, die Explosionen der 21 cm-Langgranate. Der Gegner wich, über die Straße Marville—Rupt sah man seine Infanterie laufen, die Artilleristen verließen ihre Geschütze, die mit allen Mitteln befestigten Ortschaften gaben keinen Halt mehr, die Auflösung war vollendet. Marville wurde zwischen 1 und 2 Uhr nachmittags genommen; auch Flassigny, Othe, Bazeilles wurden vom Feinde geräumt. Doch den Verfolger hemmten Müdigkeit und, für Stunden, die Nachrichten vom linken Armeeflügel. Um 2.30 Uhr nachmittags erging der Befehl zur Ruhe. Im Feuer der 10. Feldartillerie-Brigade verschwanden die feindlichen Kolonnen gen Westen. 20 Geschütze waren dem Gegner abgenommen worden. Bei Villers-le-Rond und Marville bezogen die Divisionen Biwaks. Man sicherte sich gegen Montmédy—Jametz und Delut.

Das VI. Armeekorps befand sich jenseits Montmédy. Dem kampflos weichenden Gegner hatte in schnellem Nachstoß das Jäger-Regiment 3. Pf. Nr. 11 den Chiers-Übergang bei La Ferté entrissen. Malandry und Olizy wurden genommen, die Vorbereitungen zum Maas-Übergang begonnen.

Ausgang.

Der nächste Tag sah die Armee in der ungefähren Linie Vittarville—Dombras—Merles—Villers-les-Mangiennes—Nouillon-Pont—Spincourt—Landres. Der Gegner war in vollem Rückzug auf die Maas. Fühlung mit ihm war auf dem linken Armeeflügel nicht mehr vorhanden Vor dem rechten Flügel hatte vortreffliche Fliegererkundung des Hauptmanns von Poser seine gedrängte Lage im Dreieck Damvillers—Consenvoye—Vilosnes festgestellt. Das V. Armeekorps hatte energische Verfolgung über Vittarville auf Haraumont angesetzt. Es galt sobald als möglich die beherrschenden Höhen auf dem Ostufer der Maas zu gewinnen, um Flußübergänge und Bahn im Maastal unter Feuer zu nehmen.

In dieser Lage sollte jedoch sich die Rückwirkung der gegen Ostpreußen im Gange befindlichen russischen Offensive geltend machen. Das V. Armeekorps mußte, zum Abtransport nach dem Osten bestimmt, die Verfolgung einstellen und anderen Tages den Rückmarsch auf Diedenhofen antreten. Nur schweren Herzens wurden beim Korps wie beim Oberkommando dem Befehl Folge gegeben, waren doch damit die schönsten Hoffnungen zunichte geworden. Unterblieb der Abtransport des Korps auch schließlich, so war doch die gefahrdrohende Krise von den Franzosen dank der Hilfe des russischen Verbündeten überstanden.

Die Feldschlacht von Longwy war hiermit zu Ende. Der Gegner war geschlagen. Vor Vernichtung aber hatte ihn die Festung Verdun mit ihren vortrefflichen Verbindungen bewahrt. Jenseits der Maas fanden seine erschütterten Verbände Gelegenheit, sich neu zu festigen. Wir aber hatten festen Fuß in Feindesland gefaßt. Die Entscheidung darüber, daß Frankreich, nicht Deutschland zum künftigen Kriegsschauplatz wurde, war gefallen. Nun sollte es vorwärts über die Maas und damit zu neuen Kämpfen gehen.

Weit hinter der Heeresfront vollendete sich inzwischen das Schicksal der Feste Longwy. Nach dem schweren Kampf bei Romain hatte General Kaempffer den beabsichtigten Sturm zunächst aufgegeben und Fortsetzung der Beschießung angeordnet. Die teils aus gewachsenem Fels bestehenden und bis zu 14 Meter hohen Umwallungen trotzten zwar dem mörderischen Feuer, doch die von ihnen umschlossene und beschützte Oberstadt sank mehr und mehr in Trümmer. Das alte Vaubansche Werk, ursprünglich zur Verteidigung der Unterstadt erbaut, hatte sich im Lauf der Jahre zu einer Stadt ausgewachsen, die eng in die Umwallung hineingepreßt, zwar eine muntere Friedensgarnison ergab, den kriegerischen Wert der Feste jedoch erheblich beeinträchtigte. Die Vernichtung ihrer Wohnhäuser und der Kirche, die schreckliche Verwandlung der ganzen Stadt, die unter den Augen der Soldaten stetig und unausweichbar alles, auch das letzte, das kleinste Häuschen in Schutt und Asche legte, konnte nicht ohne tiefen moralischen Eindruck auf die Verteidiger bleiben. Sie saßen an den Rändern des gewaltigen Flammenherdes in ihren Unterkunftsräumen in engem Durcheinander mit dem verbliebenen Rest von Einwohnern der sterbenden Stadt. Vor Tagen schon hatte der lodernde Brand von Longwy den zur Nacht anmarschierenden Truppen des deutschen Kronprinzen als wahrhafte Kriegsfackel den Weg in Feindesland gewiesen; aber noch immer hielten sich die tapferen Verteidiger, in ihren Ausfällen unterstützt durch die Bevölkerung, namentlich die zum Widerstande gut organisierten Forstbeamten, und begünstigt durch das waldige Gelände. Immer wieder tauchten gefechtsfähige Batterien auf, immer wieder sah sich der Angreifer in der Aufklärung wie im Vorschieben seiner Linien behindert und bedroht. General Kaempffer hatte bereits die unter solchen Umständen notwendige Verstärkung seiner Truppen um 6 Infanterie-Bataillone, 3 Batterien Feldartillerie und 2 Bataillone schwerer Feldhaubitzen beantragt, doch waren die ihm zugewiesenen Kräfte alsbald wieder anderweitig verwendet worden. Da entschloß sich am 26. August mittags der Kommandant der Feste, Oberstleutnant Darche, zur Kapitulation. Longwy-Oberstadt war völlig ausgebrannt, ein Trümmerhaufen. Dem durch den Festungsgraben einmarschierenden ersten deutschen Bataillon, II. Bataillon Infanterie-Regiments 122 unter Major Sauter, begegnete bereits in langem Zuge gefangene Franzosen. Auf dem Markt harrten andere, noch mit den Waffen in der Hand, des gleichen Schicksals. Die Württemberger besetzten die vier Ecken des Platzes.

Es wurde Nacht. Der Regen rieselte über die braunen Zeltbahnen der Deutschen wie über die französischen Kapuzen. Am anderen Tage wurde die Übergabe vollendet. Den wertvollsten Teil der Beute bildeten neben vielem Kriegsgerät große Mengen von Verbandstoffen. 3700 Mann gelangten in Gefangenschaft. Mit den Flammen der verbrannten Stadt war auch die Kraft zu ihrer Verteidigung erloschen.

Montmédy hielt sich nicht viel länger. Der Kommandant, das Unvermeidliche kommen sehend, aber willens, seiner Stadt das Schicksal Ober-Longwy's zu ersparen, verließ am 29. August mit seinen Truppen die Feste, um auf versteckten Waldwegen die rettende Maas zu erreichen. Der ausgedehnte Wald von Woëvre nahm ihn schützend auf.

Auf der Straße von Louppy marschierte das württembergische Armeekorps, um die Maas bei Sassey zu erreichen. Bei zusammengesetzten Gewehren ruhte der Vortrupp, Kavallerie, Infanterie und Pioniere hart südlich des Bois de Murvaux an der Straße, als plötzlich Franzosen am Waldrand erscheinen. Mit erhobenen Händen scheinen sie Ergebung anzudeuten, aber, die Sorglosigkeit des Gegners, der ihnen winkend gegenübertritt, erkennend, werfen sie sich nieder und schießen. Der heimtückische Überfall verursacht schwere Verluste. 40 Pioniere und 5 Kavallerieoffiziere lagen tot auf der Straße. Grimmige Wut erfaßt die anderen. Mit Spaten und Kolben geht es auf den Feind. Im „Marsch, marsch" stürzt sich das nächste Bataillon, III. Grenadier-Regiments 123, von Osten und Süden in den

Wald. Was hier gefaßt wird, ist dem Tode verfallen. Mann nach Mann sinkt mit zerschmettertem Schädel zusammen. Endlich erscheint eine weiße Flagge. Hauptmann Ziegler nimmt mit seiner 12. Kompagnie über 700 Mann, dabei den Kommandanten von Montmédy, gefangen. Geringe Reste des Gegners entkamen in den Wald und wurden truppweise noch nach Tagen bald hier, bald da aufgegriffen.

Die Armee marschierte. Hinter ihr hoben sich in flachen, breiten Linien die ersten Gräber auf den weiten Gefilden der Schlacht; vor ihr lagen neue Aufgaben, deren Ausgang von ungewisser und drohender Zukunft verhangen blieb; in ihr aber war wach und groß das Bewußtsein des Rechtes, der Kraft, des Vertrauens und der Liebe zum Vaterland und zu ihrem kaiserlichen Führer.

Kriegsgliederung der 5. Armee.

Oberbefehlshaber: S.K.u.K. Hoheit Generallt. Wilhelm, Kronprinz des Deutschen Reiches und von Preußen.

<u>Chef des Genstbs.</u>: Generallt. Schmidt v. Knobelsdorf
<u>1. Generalstabsoffz.</u>: Major v. Heymann.

V. A.K.	XIII. (K.W.) A.K.	XVI. A.K.
General d. J. v. Strantz	General d. J. v. Fabeck	General d. J. v. Mudra
9. J.D.	26. (K.W.) J.D.	33. J.D.
Generallt. v. Below	Generallt. Wilhelm, Herzog v. Urach	Generallt. Reitzenstein
10. J.D.	27. (K.W.) J.D.	34. J.D.
Generallt. Kosch	Generallt. Graf v. Pfeil u. Klein-Ellguth.	Generallt. v. Heinemann

V. R.K.	VI. R.K.	
General d. J. v. Gündell	General d. J. v. Goßler	
9. R.D.	11. R.D.	33. R.D.
Generallt. v. Guretzky-Cornitz	Generalmaj. Surén	Generalmaj. Bausch
10. R.D.	12. R.D.	Hoh Ldw.K.2
Generallt. v. Wartenberg	Generallt. Frhr. v. Lüttwitz	Generallt. Franke

H.K.K. 4
Generallt. Frhr. v. Hollen

3. K.D.	6. K.D.
Generalmaj. v. Unger	Generallt. Graf v. Schmettow

Kriegsgliederung des VI. Armeekorps (4. Armee)

Kommandierender General: General d. Inf. v. Pritzelwitz
Chef des Generalstabes: Oberst v. Derschau
1. Generalstabsoffizier: Major v. Pommer Esche

12. Infanterie-Division		11. Infanterie-Division	
Generallt. Chales de Beaulieu		Generallt. v. Webern	
Generalstab: Major v. Miaskowski		Generalstab: Major Graf Yorck v. Wartenburg	
78. Inf.Br.	24. Inf.Br.	22. Inf.Br.	21. Inf.Br.
Generalmajor Vollbrecht	Generalmajor v. d. Heyde	Oberst Seydel	Oberst v. Kleinschmitt
J.R. 63 Oberst Zollern († 22.8.14)	J.R. 23 Oberstlt. v. Hofmann	Gr.R. 11 Obstlt. v. Funke	Gren.R. 10 Oberst v. Ceyso
J.R. 157 Oberst Tiede	J.R. 62 Oberst v. Wolff	J.R. 51 Oberst Rassow	Füs.R. 38 Major Sager
Ul.R. 2 Oberstlt. Wolf		Jäg.R. z. Pf. 11 Oberstlt. v. Roden	
12. Feldartillerie-Brigade		11. Feldartillerie-Brigade	
Generalmajor Zietlow		Generalmajor v. Bischoffshausen	
Feldart.R. 57 Obstlt. Gandtner	Feldart.R. 21 Obstlt. Schmidt-Köppen	Feldart.R. 42 Obstlt. v. Heimburg	Feldart.R. 6 Oberst v. Zglinicki
II I l. M.K. 1. M.K.	II (F) I l.(F)M.K. 1.M.K.	II I l. M.K. 1. M.K.	II (F) I l.(F)M.K. 1.M.K.
San.-K. 2 D.Br.Tr. 12 3. Pi. 6 2. Pi. 6		San.K. 3 San.K. 1 D.Br.Tr. 11 1.Pi. 6	

Scheinw.Zug Pi. 6   Frspr.Abt. 6   Flieg.Abt. 13   III./Fußart.R. 6 l. M.K.
Hptm. Rost

Munitionskolonnen und Trains

Kriegsgliederung des V. Armeekorps

Kommandierender General: General d. Inf. v. Strantz
Chef des Generalstabes: Oberstlt. v. Kessel
1. Generalstabsoffizier: Major Dove

10. Infanterie-Division	9. Infanterie-Division
Generallt. Kosch	Generallt. v. Below
Generalstab: Major Aubert (gef. 22.8.14)	Generalstab: Major Föhrenbach
Hauptmann Klug vom 24.8.14 ab	

20. Inf.Br.	19. Inf.Br.	18. Inf.Br.	17. Inf.Br.
Generalmajor Frhr. v. d. Horst	Generalmajor Liebeskind	Generalmajor Fallenheimer	Generalmajor Melms
J.R. 47 Oberst Trieglaff	Gren.R. 6 Obstlt. Heyn † 22.8.14, Obstlt. v. Kaisenberg seit 23.8.14	Gren.R. 7 S.K.H. Prinz Oskar von Preußen	J.R. 19 Obstlt. v. Arnim
J.R. 50 Oberst Diestel	J.R. 46 Oberst v. Arent	J.R. 154 Oberst Daubert	J.R 58 Oberst Zwenger
Königs-Jäg.R. z. Pf. 1 Major Graf zu Solms-Wildenfels		Ul.R. 1 Oberstlt. v. Kotz	
10. Feldartillerie-Brigade K.W. Generalmajor Frhr. v. Watter		9. Feldartillerie-Brigade Generalmajor Müller	
Feldart.R. 56 Oberst Lepper	Feldart.R. 20 Obstlt. v. Schleicher verw. 22.8., v. 22.8. an Major v. Krogh	Feldart.R. 41 Oberstlt. Mehfarth	Feldart.R. 5 Oberst Körner
II (F) I l.(F)M.K. l.M.K.	II I l. M.K. l. M.K.	II (F) I l.(F)M.K. l.M.K.	II I l. M.K. l. M.K.
San.K.2 Div.Br Tr. 10 3.Pi. 5 2.Pi. 5		San.K. 3 San.K. 1 Div.Br.Tr. 9 1.Pi. 5	
I. Fußart.R. 5 l. M.K. Flieg.Abt. 19 Fernspr.Abt. 5 Scheinw.Zug Pi. 5 Major Adriani			
Munitionskolonnen und Trains		Zuget.: Mörser-R. 6 II. l. M.K. I. l. M.K. Obstlt. Crohn	

Kriegsgliederung des XIII. (K. W.) Armeekorps

Kommandierender General: K. P. General d. Inf. v. Fabeck
Chef des Generalstabes: K. P. Oberstleutnant v. Loßberg
1. Generalstabsoffizier: Major Reinhardt

27. (K. W.) Infanterie-Division		26. (K. W.) Infanterie-Division	
K. P. Generallt. Graf v. Pfeil und Klein-Ellguth Generalstab: K. P. Major Frhr. v. Stotzingen		Generallt. Wilhelm, Herzog v. Urach Generalstab: Major Wöllwarth	
54. Inf.Br. K.P.Generalmajor Langer	53. Inf.Br. Generalmajor v. Moser	52. Inf.Br. Generalmajor v. Teichmann	51. Inf.Br. Generalmajor v. Stein
J.R. 120 Oberst v. Körbling	Gren.R. 123 Oberst v. Erpf	J.R. 121 Oberst v. Gais	Gren.R. 119 K. P. Oberst v. d. Esch
J.R. 127 Oberst Jetter	J.R. 124 Oberst Haas	Füs.R. 122 Oberst v. Triebig	J.R. 125 Oberst v. Ebbinghaus
Ul.R. 19 Major Frhr. v. Gültlingen († 22.8.14)		Ul.R. 20 Oberst Ulrich, Herzog v. Württemberg, K. H.	
27. Feldartillerie-Brigade Generalmajor v. Bernhard		26. Feldartillerie-Brigade Generalmajor v. Mohn	
Feldart.R. 49 K. P. Oberstlt. Burchardt	Feldart.R. 13 Obstlt. Graf v. Normann-Ehrenfels	Feldart.R. 65 Oberst v. Sonntag	Feldart.R. 29 Oberst v. Maur
II (F) I l.(F)M.K. l.M.K.	II I l.M.K. l.M.K.	II (F) I l.(F)M.K. l.M.K.	II I l.M.K. l.M.K.
San.K.2 D.Br.Tr.27 3.Pi.13 2.Pi.13		San.K.3 San.K.1 D.Br.Tr.26 1.Pi.13	
Scheinw.Zug Pi. 13 Fernspr.Abt. 13		Flieg.Abt. 4 I./Fußart.R. 13 l. M.K. Major Goecke	
Munitionskolonnen und Trains			

Kriegsgliederung des VI. Reservekorps

Kommandierender General: General d. Inf. v. Goßler
Chef des Generalstabes: Oberst v. Rath
1. Generalstabsoffizier: Major Hecker

12. Reserve-Division	11. Reserve-Division
Generallt. Frhr. v. Lüttwitz	Generalmajor Suren
Generalstab: Hauptm. v. Kahlden	Generalstab: Hauptm. Frank-Lindheim

23. R.Br.	22. R.Br.	21. R.Br.	23. J.Br.
Generalmajor v. Wilmowski	Generalmajor v. Leyser	Oberst v. Gallwitz gen. Dreyling	Oberst v. Götzen
R.J.R. 22 Obstlt. v. Passow	R.J.R. 23 Obstlt. Stockmann	R.J.R. 10 Obstlt. Pohlmann	J.R. 22 Oberst Bacmeister
R.J.R. 51 Obstlt. v. Kamele	R.J.R. 38 Obstlt. v. Rosenberg R Jäg. 6	R.J.R 11 Obstlt. Fricke	J.R. 156 Oberst Cramer

R.Ul.R. 4	R.Hus R. 4
Major v. Bülow	Major Frhr. v. Troschke

R Feldart R. 12		R.Feldart R. 11	
Oberstlt. Jablonski		Oberstlt. Winkler	
II	I	II	I
l. M.K.	l. M.K.	l M.K.	l. M.K.

R.San K. 20 2. R.Pi. 6 1. R.Pi. 6	R.San K. 6 R.D.Br.Tr. 11 4. Pi. 6
Ref.Fernspr Abt. 6	Zugeteilt: I. Fußart.R. 10 Major Schoof

Munitionskolonnen und Trains

Kriegsgliederung des V. Reservekorps

Kommandierender General: Gen. d. Inf. v. Gündell
Chef des Generalstabes: Oberstleutnant v. Stockhausen
1. Generalstabsoffizier: Major Hasse

10. Reserve-Division Generallt. v. Wartenberg Generalstab: Major Kewisch		9. Reserve-Division Generallt. v. Guretzky-Kornitz Generalstab: Hptm. Frhr. v. Mirbach (24.8. verw.), vom 25.8. an Hptm. Sichting	
18. R.Inf.Br. Generalmajor Glahn	77. Inf.Br. Generalmajor v. Dewitz	19. R.Inf.Br. Generalleutnant v. Wyszecki	17. R.Inf.Br. Oberst Schroetter
R.J.R. 37 Obstlt. Staroste R.J.R. 46 Oberst Matthias	Füf.R. 37 Oberst Haevernick (22.8. schw. verw.), vom 22.8. an Maj. Scheuermann J.R. 155 Oberst v. Heise-Rothenburg	R.J.R. 19 Oberst Heinrich XXX. Prinz Reuß R.Jäg.Batl. 5	R.J.R. 6 Obstlt. Berten R.J.R. 7 Obstlt. v. Stockhausen
R.Ul.R. 6 Major Andreae		R.Drag.R. 3 Major Frhr. v. Gersdorff	
R.Feldart.R. 10 Oberstlt. Winkler II I l. M.K. 1. M.K.		R.Feldart.R. 9 Oberstlt. Wellmann II I l. M.K. 1. M.K.	
R.San.Komp. 5 2. R.K.Pi. 5	R.D.Br.Tr. 10 1. R.K.Pi. 5	R.San.K. 19 R.D.Br.Tr. 9 4. Pi. 5	
Ref.Fernsprech-Abt. 5			

Munitionskolonnen und Trains

Kriegsgliederung des XVI. Armeekorps

Kommandierender General: General d. Inf. v. Mudra
Chef des Generalstabes: Oberst v. Borries
1. Generalstabsoffizier: Major Frhr. v. Esebeck

34. Infanterie-Division		33. Infanterie-Division	
Generallt. v. Heinemann		Generallt. Reitzenstein	
Generalstab: Hauptmann v. Greiff		Generalstab: Major Ludwig	
86. Inf.Br. Gen.Maj. Miesit-schek v. Wischkau	68. Inf.Br. Gen.Maj. v. Estorff	67. Inf.Br. Gen.Maj. Brosius	66. Inf.Br. Oberst Heuer
J.R. 30 Oberst Teetzmann J.R. 173 Oberst v. Sydow	J.R. 67 Oberst Pretsch, vom 23.8. an Maj. Credé Königs-J.R. 145 Oberst v. Wahlen-Jürgaß	J.R. 135 Oberst Diederichs J.R. 144 Oberst Kabisch (24.8. s.verw.), vom 24.8. an Maj. Frhr. v. Wangenheim	J.R. 98 Obstlt. v. Wunsch J.R. 130 Oberst v. Lengerke
M.R. 14 Oberstlt. Veith		Jäg.R. z. Pf. 12 Oberstlt. Frhr. v. Nordeck	
34. Feldartillerie-Brigade		33. Feldartillerie-Brigade	
Generalmajor v. Müller		Generalmajor Merling	
Feldart.R. 70 Oberst v. Sandrart	Feldart.R. 69 Obstlt. Isbert	Feldart.R. 34 Oberst Frhr. v. Steinäcker	Feldart.R. 33 Oberst Hehm
II I l. M.K. l. M.K.	II (F) I l.(F)M.K. l. M.K.	II I l. M.K. l. M.K.	II (F) I l.(F)M.K. l. M.K.
San.K.2 D.Br.Tr.34 3.Pi.16 2.Pi.16		San.K.3 San.K.1 D.Br.Tr.33 1.Pi.16	
Scheinw.Zug Pf. 16 Fernspr.Abt. 16 Flieg.Abt. 2			

Zugeteilt: Mörser-R. 12 II. R.Fußart.R. 8 (vom 23.8. an)
Oberst Roeßler   Major Gerner
III   II   l. M.K.
l. M.K.   l. M.K.

Munitionskolonnen und Trains

Kriegsgliederung des Höh. Landwehrkommandos 2

Kommandeur: Generallt. Franke
Generalstab: Hauptm. v. Strube

XII 45. (K. I.) gem. Ldw.Br. Gen.Maj. v. Bosse	XI 43. gem. Ldw.Br. Genlt. v. d. Lippe
Ldw.J.R. 100 Obstlt. v. Seydlitz- Gerstenberg Ldw.J.R. 102 Oberst v. Hopfgarten Ldw.Esk.XII.A.K. Ldst.Batterie XII. A.K.	Ldw.J.R. 32 Obstlt. Braun Ldw.J.R. 83 Obstlt. Fretzdorff 1. Ldw.Esk. XI. A.K. überplanmäß.Ldw. Batterien XI. A.K. 2. 1.
III B 9. bayr. gem Ldw.Br. Generalmajor z. D. Kießling	XIII 53. gem. Ldw.Br. Genlt. v. Oßwald
b. Ldw.J.R. 6 Obstlt. Lamprecht b. Ldw.J.R. 7 Obstlt. Heimeran 1. Ldw.Esk. III. b. A.K. 1. Ldst.Batterie III. b. A.K.	Ldw.J.R. 124 Obstlt. Praesde Ldw.J R. 125 Obstlt. Walther 3. Ldw.Esk. XIII. A.K. Ldst.Batterie XIII. A.K.

13. gem. Ldw.Br.   IV
Generalmajor Saenger

Ldw.J.R. 26
Obstlt. Storch
Ldw.J.R. 27
Obstlt. v. Reichenbach
Ldw.Esk. IV. A.K.
Ldst.Batterien IV. A.K.
2.   1.

Kriegsgliederung der 33. Reserve-Division

Div.Komm.: Generalmajor Bausch
Generalstab: Hauptm. v. Ditfurth

66. R.J.Br. Gen.Maj. Rehbach	bayr. 8. J Br. Gen.Maj. Riedel
R.J.R. 167 Obstlt. Gädede	b. 4. J.R. Oberst Kleinhenz
R.J.R. 130 Obstlt. Baron Digeon v. Monteton	b. 8. J.R. Oberst Hannappel

R.Fest.M.G.Abt. 2

R.Huj.R. 2

Insp. d. Ersatz-Abt. XVI. A.K.
Erj.Abt. F.A. 69, Erj.Abt. F.A. 70,
Erj.Abt. F.A. 34, Erj.Abt. F.A. 33

Fest.San.K. 2

Zugeteilte Truppen:
R.J.R. Metz
Obstlt. Dürr

R.Fest.M.G. Abt. 7, 8	Fest.M.G. Abt. 12, 13, 14
Bayr. R.Fußart.R. 2 Oberst Fehl II I	4. Pi. 22

Fest.San.K. 1   1 Zug Fest.Fernspr.K.

Kriegsgliederung des Höh. Kavallerie-Kommandeurs 4
(H.K.K. 4)

Führer: Generalleutnant Frhr. v. Hollen
Chef des Generalstabes: Oberstleutnant Frhr v. Brandenstein

6. Kavallerie-Division	3. Kavallerie-Division
Generallt. Graf von Schmettow	Generalmajor v. Unger
1. Generalstabsoffizier:	1. Generalstabsoffizier:
Hptm. v. Werner,	Hptm. Lamotte
vom 11.8. ab Hptm. Klewitz	

33. Kav.Br.	28. Kav.Br.	22. Kav Br.	16. Kav.Br.
Generalmajor v. Etzel	Oberst v. Selchow	Oberst v. Wurmb	Oberst Kleemann

Drag.R. 9	Leibdrag.R. 20	Drag.R. 5	Jäg.R. z. Pf. 7
Obstlt. Vlecken v. Schmeling	Obstlt. Graf v. Geßler	Maj. v. Riesewand	Obstlt. Frhr. v. Tettau
Drag.R. 13	Drag R. 21	Hus.R. 14	Jäg R. z. Pf. 8
Oberst Frhr. v. Broich	Obstlt. Eschborn	Obstlt. Adolf, Fürst zu Schaumb.-Lippe	Obstlt. v. Baumbach

45. Kavallerie-Brigade	25. Kavallerie-Brigade
K.W. Generalmajor v. Hosacker	Oberst von Glasenapp
Hus.R. 13	Drag.R. 23
Obstlt. Frhr. v. d. Busche-Haddenhausen	Major v. Arnim
Jäg R. z. Pf. 13	Drag R. 24
Obstlt. v. Sobbe	Obstlt. Zierold

Jäg.Batl. 5	M.G.Abt. 6	Jäg Batl. 6	M.G.Abt. 2
Reit. Abt. Feldart.R. 8		Reit. Abt. Feldart.R. 11	
Nachr.Abt.	Pi.Abt.	Nachr.Abt.	Pi.Abt.

www.ingramcontent.com/pod-product-compliance
Lightning Source LLC
Chambersburg PA
CBHW032216230426
43672CB00011B/2580